高校

マンガとゴロで
100%丸暗記
古文単語

受験研究社

本書の特色と使い方

　本書は、入試の古文読解に必要とされる300語の古文単語について、楽しく学習し覚えることのできる単語集です。

　中心となる Rank A〜C の単語を収録したページでは、実際の古文での使用を確認できる例文、重要事項がわかる解説、関連する単語など、入試に役立つ情報をまとめました。それぞれの単語には単語をイメージしやすい五・七・五のゴロ合わせと楽しいマンガをつけ、覚えやすいように工夫しています。 Appendix では、効率的に記憶できるように、関連する単語をグループごとにまとめて収録しました。多くの受験生がつまずきやすい敬語について解説したコラムも設けています。

　また、学習した単語をきちんと覚えられたかどうか、消えるフィルターを使って繰り返し確認することができます。

Rank

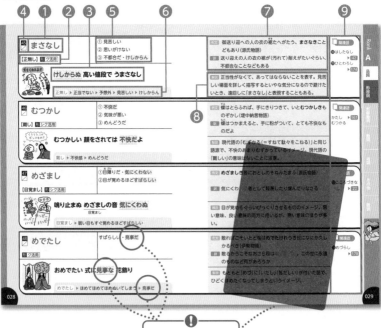

消えるフィルターで
赤文字が消えます。

❶見出し語…300語をそれぞれのランクごとに品詞でまとめ、50音順に収録しています。

❷漢字表記・品詞活用など…漢字表記のあるものはそれを示し、単語の意味がイメージしやすいようにしました。

記号:**形**=形容詞、**形動**=形容動詞、**動**=動詞、**副**=副詞、**連体**=連体詞、**感**=感動詞、**接続**=接続詞、**連語**=連語、**敬**=敬語（尊敬語、謙譲語、丁寧語含む）

❸ゴロ合わせ…リズムよく、単語と意味を結びつけて覚えられるゴロ合わせを掲載しています。

❹チェックボックスと単語番号…単語の意味が覚えられたかどうかチェックできます。

❺意味…意味が多数あるものは、試験に出やすい主要な意味を掲載しています。

❻ミニ解説…見出し語の語感や単語の構成など、役立つ情報をまとめています。

❼ 例文 ・ 訳 …見出し語の含まれる古文を例文として示し、その訳をつけました。単語の実際の使われ方を確認できます。

❽ 解説 …見出し語について、理解を深められる情報を詳しく解説しました。

❾関連語…見出し語に関連する単語を集めました。その単語が見出し語の場合は、単語番号をつけました。類義語**類**、対義語**対**など語彙の幅を広げることができます。

Appendix

まとめて覚える単語

関連する単語をグループにしてまとめました。複数の単語を効率よく覚えることができます。

敬語について（コラム）

古文の読解において重要なポイントになる敬語について、わかりやすく解説しています。

Rank A | ランク別チェックテスト

[21] □ 誰かたち、心ばへ、□めづらしきまで
⇒お顔立ち、性格が、めったにないほどすばらしく

[22] □ 火などいそぎおこして、炭もてわたるも、いと□
⇒火などを急いでおこして、炭を持って移動するのも（冬にふさわしくて）好ましい

[23] □ ただひとつふたつなど、ほのかにうちひかりて行くも□
⇒（蛍が）ただ一つ二つなど、ぼんやりと光って（飛んで）行くのも風情がある

[24] □ 世界の男、□もいやしきも、

① ありがたく
② つきづきし
③ をかし

ランク別チェックテスト

各ランクで学習した単語が覚えられたかどうか、テスト形式で確認できます。

索 引

単語の意味を赤文字にしているので、消えるフィルターを使って最終確認に利用できます。

CONTENTS

Rank A

大失敗

うるはしき（＝端正で美しい）男君…！！

結婚したいわ

数日後

男君からふみ（＝手紙）が届いた…！！

今宵そちらにまゐる（＝参上する）

ハァハァ

ドキドキ

会う前に化粧を直そう

せっせっ

その晩…

コ・コワイ…！！（＝不気味だ…！！）

おどろおどろし…！！

おしろいと眉墨をまちがえた→

| **1** あいなし
形 ク活用 | ① つまらない・気にくわない
②「あいなく（う）」＝むやみやたらに |

愛がないと 言われりゃおれも 気にくわない

あいなし

あいなし ▶ 愛が無い ▶ かわいげがない・つまらない

| **2** あさまし
形 シク活用 | ①（意外なことに）驚きあきれる
② ひどい・嘆かわしい |

あさましの おかわり驚き 十杯も

朝飯

古 意外なことに驚きあきれること ≠ 今 ひどく嘆かわしい有様

| **3** あぢきなし
形 ク活用 | ① つまらない・気にくわない
② まともでない
③ どうしようもない |

あぢきなき 話聞いても つまらない

あぢきなし ▶ あじけないものは、心に入ってこない

| **4** あやし
形 シク活用 | ① 不思議だ
② 粗末だ
③ 身分が低い |

人前で 泣く子をあやし お粗末だ

古 怪し・賤し ≠ 今 不審だ・妖しい の意味の「あやしい」

例文 世に語り伝ふること、まことは**あいなき**にや、多くは皆虚言なり（徒然草）

訳 世間で語り伝えていることは、真実（の話）ではつまらないのであろうか、多くはみな作りごとである

解説 「あいなく（う）」（連用形）のかたちで連用修飾語になるとき、「むやみやたらに」の意味になる。

関連語
類 あぢきなし ▶3
類 あやなし ▶155
類 わりなし ▶58

例文 （犬の）涙をただ落としに落とすに、いと**あさまし**（枕草子）

訳 （犬が）涙をひたすら落とすので、とても驚いた

解説 「事の意外さに驚きあきれるさま」を表す。よい意味にも悪い意味にも用いられる。時代が下って、現代語の「あさましい」の意味に至る。

関連語
対 さればこそ・さればよ ▶300

例文 おろかなる人の目を喜ばしむる楽しみ、また**あぢきなし**（徒然草）

訳 愚かな人の目を喜ばせる楽しみは、またつまらない

解説 道理に合わず、納得しがたい心情を表す。多くは恋愛に関する、思うに任せないむなしさやいらだちを表す。

関連語
類 あいなし ▶1
類 あやなし ▶155
類 わりなし ▶58

例文 かう**あやしき**垣根になむ咲き侍りける（源氏物語）

訳 このように粗末な家の垣根に咲くのでございます

解説 古典世界は階級社会であり、貴族の目線で描かれている。貴族から見て、怪しく理解できない下々の世界を「あやし」といった。

5 あらまほし	理想的だ・好ましい
形 シク活用	

一目見て「**あらま、欲し**」い **理想的**！
あらまほし

(語の構成) あら（「あり」の未然形）＋まほし（願望の助動詞）

6 ありがたし	① めったにない
	② 困難だ
【有り難し】形 ク活用	③ すばらしい

ありがたや めったにないもの 祖母拝む

(語の構成) 有り＋難し

7 いとほし	① 気の毒だ・かわいそうだ
	② かわいい・いじらしい
形 シク活用	③ つらい

気の毒だ 生いとほしさで やせ細り
糸欲し

いとほし ▶ （弱者・幼い者を）見ていてつらい ▶ 気の毒だ

8 いみじ	① すばらしい・立派だ
	② ひどい・悲しい
形 シク活用	③ （程度）たいそう

いみじとは 立派だ、ひどい、たいそうだ

いみじ ▶ ①・②の意味の使い分けが重要。③は文脈で判断。

例文 烏帽子、直衣の姿、いと**あらまほしく**清げにて

(源氏物語)

訳 烏帽子、直衣の姿が、大変理想的で美しくて

関連語

あらまし

解説 もともとは「あり」＋「まほし」の連語で、「そうあって欲しい」という意味であった。そこから、「理想的だ・好ましい」の意味へと発展した。

例文 御かたち、心ばへ、**ありがたく**めづらしきまで

(源氏物語)

訳 お顔立ち、性格が、めったにないほどすばらしく

関連語

類 かたし
▶161

対 かずならず

類 たまさかなり
▶187

解説 「有る」ことが「難し」いの意から、「めったにない」ほど「尊くすばらしい」の意が生じた。感謝の念を表すようになるのは江戸時代以降。

例文 翁を**いとほし**かなしとおぼしつることも失せぬ

(竹取物語)

訳 翁を、気の毒で、いとしいとお思いになっていた気持ちも消え失せた

解説 幼く弱い者に対する「見ていてつらい・気の毒だ」といった気持ちが語源。そこから、「かわいらしい・いじらしい」の意味が生じた。

例文 春のいそぎに取り重ねて催しおこなはるる様ぞ、**いみじきや**(徒然草)

訳 新年の準備とともに行事が行われる様子は、すばらしいなぁ

関連語

類 いむ

類 ゆゆし
▶54

類 いと・いとど
▶122

解説 「忌む（＝神仏を畏れ多く思い、避ける）」が語源。そこから、善悪に関わらず、程度が甚だしい場合に使うようになった。「いみじく（う）」（連用形）で、「たいそう」の意味。

| **9** □ うし
【憂し】 形 ク活用 | ① つらい
② 嫌だ |

朝早く つらいが うしと 野良仕事

牛

憂し ▶ が憂鬱にふさぎ込む感じを表す

| **10** □ うしろめたし
【後ろめたし】 形 ク活用 | 気がかりだ・心配だ |

子犬捨て うしろめたくて 心配だ

後ろめたし ▶ 後ろ目＋痛し ▶ 後ろのことが痛いほど気になる

| **11** □ うつくし
【美し・愛し】 形 シク活用 | ① かわいい
② 立派だ・見事だ
③ きれいだ |

うつくしい よりもかわいい 言われたい

うつくし ▶ 小さいもの・身近なものへの愛 ▶ いとしい ▶ かわいい

| **12** □ うとまし
【疎まし】 形 シク活用 | ① いとわしい
② 気味が悪い |

いとわしい 人への嫌悪 会うと増し

けん お
うとまし

疎し・疎まし ▶ 「疎遠」から連想できる意味

010

例文 世の中を**うし**とやさしと思へども（万葉集）

訳 世の中をつらい、恥ずかしいと思うけれども

解説 自分自身の「憂鬱な気持ち」が心の内にこもり、「つらい」と思う心情。また、「倦む」と同じ語源で、気持ちがふさぐさまを表す。

関連語
園 うたて▶123
園 うとし・うとまし▶12
園 こころうし▶165

例文 いとはかなうものし給ふこそ、あはれに**うしろめたけれ**（源氏物語）

訳 大変頼りなくしていらっしゃるのは、ふびんで気がかりだ

解説 「後ろの方が気がかりな感じ」が語のイメージ。よって「気がかりだ・心配だ」の意味。現代語「後ろめたい」とのニュアンスの違いに注意。

関連語
園 うしろめたなし
園 おぼつかなし▶16
対 うしろやすし▶159

例文 **うつくしき**もの、瓜に描きたる児の顔（枕草子）

訳 かわいらしいもの、瓜に描いた幼い子の顔

解説 「小さいもの・身近なものへの愛」を表す。「らうたし」が「心に感じるかわいさ」であるのに対して、「うつくし」は「見た目のかわいらしさ」をいう。

関連語
園 うつくしむ
園 らうたし▶56

例文 手をたたきたまへば、やまびこのいらふる声、いとう**とまし**（源氏物語）

訳 手をたたきなさると、やまびこの反響する音が、とてもいとわしい

解説 いとわしく感じるもの・気味の悪いものから遠ざかりたいという感情を表す。

関連語
園 うし▶9
園 うたて▶123

13 うるはし

【麗し・美し】 形 シク活用

① 端正で美しい
② きちんとしている

彼のうる はしは 美し 端正だ
　　　売る　箸

うるはし ▶ 整っていて美しい ▶ 端正な・整然とした

---

14 おとなし

【大人し】 形 シク活用

① 大人びている
② 思慮分別がある
③ 年長だ

姉さんは おとなし 落ち着き 思慮がある

大人し ▶ 大人っぽい ≠ 現代語の「大人しい」

---

15 おどろおどろし

形 シク活用

① おおげさだ・たいそうだ
② 気味が悪い・恐ろしい

おおげさな 身振りで おどろ おどろうよ
　　　　　　　　　　踊ろ　　　踊ろ

おどろおどろし ▶ おどろおどろしく気味が悪い

---

16 おぼつかなし

【覚束なし】 形 ク活用

① ぼんやりとした・はっきりしない
② 気がかりだ・心配だ
③ 待ち遠しい

ぼんやりと おぼつかなきは 雪明かり

覚束なし ▶ 「朧」のイメージ

例文 いみじう気高う清げにおはする女の、**うるはしく**装束
着たまへるが（更級日記）

訳 たいそう高貴で美しくいらっしゃる女で、端正に衣装
を着なさっている方が

解説 きちんと整っているさまを表す。「端正・整然・きちん
とした美しさ」といった語のイメージ。さらには態度の立
派さをも表す。

📖 **関連語**

🟩 きよらなり

例文 **おとなしく**物知りぬべき顔したる神官を呼びて
（徒然草）

訳 思慮分別があり、いかにも物を知っていそうな神官を
呼んで

解説 「大人っぽい落ち着き」を表し、そこから「年配者らし
く思慮分別がある」という意味につながる。現代語の「大人
しい」とは意味が違うことに注意。

📖 **関連語**

🟩 をさをさし
▶ 182

🟥 をさなし

例文 夜の声は**おどろおどろし**。あなかま（源氏物語）

訳 夜の人の（泣き）声は気味が悪い。しっ静かに

解説 「人を驚かすほど仰々しく気味悪いさま」を表す。お化
けが出てきそうな「おどろおどろしい」イメージ。物音を表
す擬音語「おどろ」を重ねた語。

📖 **関連語**

🟩 すごし ▶ 32
🟩 むくつけし
▶ 264
🟩 ものものし

例文 藤の**おぼつかなき**さましたる、すべて思ひすてがたき
こと多し（徒然草）

訳 藤の花がぼんやりした様子であるものは、すべて無関
心でいられないことが多い

解説 「『朧』にぼんやりとした状態」を表す。三つの意味の使
い分けが重要。「何がおぼつかなし」かを考えて、意味を決
定する。

📖 **関連語**

🟩 うしろめたし
▶ 10
🟩 こころもとなし
▶ 24

17 おもしろし	① 趣深い
【面白し】形 ク活用	② 興味深い
	③ 風変わり

おもしろし 趣深い 秋の空

面白し ▶ ぱっと目を引くような美しさを表す

---

18 かしこし	① 「畏し」= 畏れ多い
【畏し・賢し】形 ク活用	② 「賢し」= 利口だ・優れている
	③ 「かしこく(う)」=ひじょうに

かしこき子 畏れ多きに 近づかず

畏し ≠ 賢し

---

19 かたはらいたし	① 見苦しい
【傍ら痛し】形 ク活用	② 気の毒だ・心苦しい
	③ きまりが悪い

うぬぼれ屋 かたはらいたし 見苦しい

傍ら痛し ▶ 傍らで見ていて痛々しい ▶ 見苦しい

---

20 かなし	① いとしい
【愛し】形 シク活用	② かわいい
	③ 心がひかれる

かなしいが いまだ いとしい 君のこと

愛し 思いが強く胸に迫る ▶ いとしい ▶ かわいい

例文 十日余りなれば、月**おもしろし**（土佐日記）

関連語

類 をかし ▶ 59

訳 十日過ぎなので、月が趣深い

解説 本来は美しさがおもてにはっきりと出て、目をひきつけるような風流を表し、中古に音楽や風景を形容する語として用いられた。③は後世に生まれた意味で、現代語の意味に通じる。

例文 男はうけきらはず呼び集へて、いと**かしこく**遊ぶ
（竹取物語）

関連語

類 さかし ▶ 28

訳 男は誰彼なく呼び集めて、たいそう**盛大に**詩歌管弦の遊びをする

解説 「畏し（＝畏れ多い）」と「賢し（＝利口だ・優れている）」の使い分けに注意すること。「かしこく（う）」（連用形）で「ひじょうに・大変に」の意味。

例文 御前にて申すは**かたはらいたき**ことには候へども
（今昔物語集）

関連語

訳 御前で申し上げるのは**きまりが悪い**ことではございますが

解説 意味の使い分けが重要。①「（傍らで見て）見苦しい」②「（傍らの人が）気の毒だ・心苦しい」③「（傍らの人に見られて）きまりが悪い」現代語は「片腹」と書き誤った語。

例文 翁をいとほし**かなし**とおぼしつることも失せぬ
（竹取物語）

関連語

かなしむ

訳 翁を気の毒で**いとしい**とお思いになっていた気持ちも消え失せた

解説 ここでは「愛」の字をあてる言葉を扱う。「愛し」は「いとしいものを見て痛切に感動すること」を意味する。自然に対しては「深く心を打たれること・心ひかれること」を表す。

21 くちをし	① 残念だ
	② 物足りない
【口惜し】 形 シク活用	

残念だ 口をしかめて ハイポーズ
くちをし

口惜し ▶ 期待外れで残念だ ▶ 物足りない

---

22 こころづきなし	① 気にくわない・不愉快だ
	② おもしろくない
【心付き無し】 形 ク活用	

気にくわない こころづきなし バスガイド
心付け

心付き無し ▶ 「心付き」がない ▶ 気にくわない

| 23 こころにくし | 奥ゆかしい・心ひかれる |
| 【心憎し】 形 ク活用 | |

その態度 こころにくし 奥ゆかし

心憎し ▶ 相手が優れていて「羨望の心」で「憎い」と思う

---

24 こころもとなし	① 待ち遠しい
	② 気がかりだ
【心許なし】 形 ク活用	③ はっきりしない

結果待ち こころもとなし 待ち遠し

もとな＝「むやみに」 ▶ こころもとなし 「心」が「むやみに」焦ること

例文 **くちをし**の花の契りや(源氏物語)

訳 残念な花の宿命だなあ

解説 「期待外れの残念な感じ・不本意さ」を表す。「口惜しき身」＝「取るに足らない身」(卑しい身分)という意味もある。

関連語
類 あたらし ▶153
類 くやし

例文 あけくれ添ひ見ん、いと**こころづきなく**憎かりなん(徒然草)

訳 いつも側で見ているようなことは、とても**つまらなく**憎いことだろう

解説 相手の行為やあり様に対して、「心付き(＝気に入る)」がないということ。そこから「気にくわない・興味が持てない」の意味が生じた。

関連語
類 めざまし ▶47
対 つきづきし ▶34

例文 薫物の香、いと**こころにくし**(枕草子)

訳 薫き物の香りが、とても奥ゆかしい

解説 「心憎し」にマイナスの意味はなく、常にプラスの評価をする言葉である。「よっ、憎いね」などと言ったりするときの「憎い」のイメージ。

例文 里に車とりにやりてまつほど、いと**こころもとなし**(大和物語)

訳 自宅に牛車を取りに行かせて待っている間は、とても待ち遠しい

解説 思いがあちこち巡り定まらないで、じれったく思うという意味。そこから「気になる」といった意味が生じた。

関連語
類 おぼつかなし ▶16

25 ことごとし	おおげさだ・ものものしい
【事事し】 形 シク活用	

ことごとく おおげさに言う ホラ吹き屋

事事し ▶ 「事」がたくさんあるように思われる

---

26 さうざうし	物足りない
形 シク活用	

さうざうし 孫いないのも 物足りず
騒々し

さうざうし ▶ 寂寂し ▶ ほしいものがなくて寂しいイメージ

---

27 さうなし	① 「双無し」= すばらしい
【双無し・左右無し】 形 ク活用	② 「左右無し」= 無造作だ

すばらしい 豪華客船 二さうなし
艘

双無し ▶ 二つとない   左右無し ▶ 左右を見ず無造作に行う

---

28 さかし	① 賢明だ・しっかりしている
【賢し】 形 シク活用	② 生意気だ
	③ 気丈だ

こざかしく しっかりしている うちの孫

賢し ▶ しっかりしてかしこい≠「かしこし」

例文 御輿(みこし)などもことごとしければ（栄花物語）

訳 御輿などもおおげさなので

関連語

類 こちたし

解説 「事」がたくさんあっておおげさに思われるイメージ。悪い意味に使われ、現代語の「ものものしい」に近い。ちなみに、古語の「ものものし」は「立派だ」の意味。

例文 かやうのことに権中納言(ごんちゅうなごん)のなきこそ、なほ**さうざうしけれ**（大鏡）

訳 このようなことに権中納言がいないことは、やはり物足りない

解説 「あってほしいものがなくて物足りない」の意味。「寂寂し」がもとだといわれ、「ものさびしい」イメージ。現代語の「騒々しい」の意味はない。

例文 その園(その)の別当入道(べつたうにふだう)は、**さうなき**庖丁者(はうちゃうじゃ)なり（徒然草）

訳 園の別当入道は、すばらしい料理人である

関連語

類 になし ▶171

解説 「左右無し」は連用形「さうなく」「さうなう（ウ音便）」の形で用いられるのが普通で、終止形「さうなし」や連体形「さうなき」の形なら「双無し」の意味が多い。

例文 **さかしき**もの　今様(いまやう)の三歳児（枕草子）

訳 しっかりしているもの　いまどきの三歳児

関連語

類 かしこし ▶18

類 さとし
さかしら

解説 「分別があってしっかりしている」の意味。「頭がいい」の意では、「かしこし」よりも「さかし」を使うのが普通。悪い意味にも用いられ、「生意気だ」の意味になる。

29 さがなし	いじわるだ・いたずらだ
【性無し】 形 ク活用	

いじめっ子 兄弟さがなし いじわるだ
　　　　　　　　　　差

性無し ▶ よい性質が無い ▶ 性格が悪い ▶ いじわるだ

---

30 しるし	① はっきりしている・目立っている ② 予想どおりだ
【著し】 形 ク活用	

おそろいは 目立つしるしで 区別する

著し ▶ いちじるしくはっきりしている ▶ 予想とぴったり合う

---

31 すきずきし	① 風流だ・物好きだ ② 好色だ
【好き好きし】 形 シク活用	

物好きは すきずきしゅみが 風流だ
　　　　　　　　　趣味

好き好きし ▶ 好きで好きでしようがない ▶ 対象への深い執着

---

32 すごし	① 恐ろしい・気味が悪い ② もの寂しい ③ ぞっとするほどすばらしい
【凄し】 形 ク活用	

週末を 一人ですごし もの寂し

凄し ▶ もの凄くてぞっとする

例文 春宮の女御の、いと**さがなくて**（源氏物語）

訳 春宮の女御が、とても**いじわるで**

解説 「さが」だけだと「性質」の意味だが、「性無し」は、「思いやりがなくて意地が悪い」ことを表す。「口さがない」という現代語にも形をとどめている。

例文 帥殿いたく臆したまへる御けしきの**しるき**を（大鏡）

訳 帥殿がたいそう怖じ気づいておられるご様子が**はっきりしている**のを

解説 「白し」と同じ語源といわれ、はっきりと見えるようになっていること、明白であることをいう。「いちしるし」は「しるし」から派生した語。

関連語
🏷 いちしるし

例文 **すきずきしき**ものから、奥深くわづらはしき御心にぞおはしける（栄花物語）

訳 **風流ではある**が、考えが深く、気難しい御気性でいらっしゃった

解説 物好きであることが本来だが、深く風流などの魅力を追求することを好む意味に用いられることが多い。異性に対しても使うが、悪い意味よりも良い意味のことが多い。

関連語
色好み
好き者
好く

例文 日の入りぎはの、いと**すごく**きりわたりたるに（更級日記）

訳 日没間際で、とても**もの寂しく**霧が立ちこめているときに

解説 衝撃のあまりぞっとするイメージ。中世には「すさまじ」と似た意味でよく用いられた。

関連語
🏷 おどろおどろし ▶15
🏷 すさまじ ▶33
🏷 むくつけし ▶264

33 □ すさまじ	① 殺風景である・もの寂しい
	② 興ざめだ・おもしろくない
【凄じ】 形 シク活用	③ 激しい・ひどい

口づけも 騒音すさまじ 興ざめだ

凄じ ▶ すさんでいておもしろくない ▶ 寂しい

34 □ つきづきし	似つかわしい・好ましい
【付き付きし】 形 シク活用	

アパートは つきづきしはらい 好ましい
　　　　　　　　　　　支払い

付き付きし ▶ うまく状況に引っ付いている ▶ 好ましい

35 □ つれなし	① 平然としている・無表情だ
	② 冷淡だ
形 ク活用	③ 思い通りにならない・無情だ

無情にも つれない返事 返す君

つれなし ▶ 見た目からはわからない ▶ 無情だ

36 □ ところせし	① 窮屈だ
	② はなはだしい
【所狭し】 形 ク活用	

窮屈だ ところせましと 並ぶ家
　　　　　　　所狭し

所狭し ▶ 所 が 狭い と感じられる

例文 梨の花、よに**すさまじき**ものにして（枕草子）

訳 梨の花は、とても興ざめなものとして

解説 「ますますひどくなる」という意味の「すさむ」と同じ語源で、ものごとがどんどんひどくなって不快だということを表す。荒れ果てて心が寒々とするイメージ。

関連語
類すごし ▶ 32

例文 火などいそぎおこして、炭もてわたるもいと**つきづきし**（枕草子）

訳 火などを急いでおこして、炭を持って移動するのも（冬の朝に合っていて）たいそう好ましい

解説 「その場面にうまく合っている」という意味。対義語は「つきなし」で、「似合っていない」の意味。

関連語
対つきなし
対こころづきなし
▶ 22

例文 われもいかに**つれなく**なりて心見む。つらき人こそ忘れがたけれ（和泉式部集）

訳 私もなんとか無情になって気持ちをためそう。冷淡な人こそ忘れられないものだ

解説 表面から中身がうかがわれないこと。「つらし」は内面も冷淡だが、「つれなし」は「内心はともかく表向きは平然としている」意味。

関連語
類つらし ▶ 169

例文 家なれば住み候ふに、おはしますがかたじけなく、**ところせく**候ふなり（宇治拾遺物語）

訳 家なので住んでいますが、（帝が）おられるのが恐れ多く、窮屈なのです

解説 せまくて窮屈だな、と感じるイメージ。空間的に狭いときだけでなく、心理的に圧迫されて窮屈だったり居心地が悪かったりする場合にも用いる。

| 37 **とし**
【疾し】 形 ク活用 | ① 早い
② 速い・激しい |

年の経つのは いと早き
とし

疾し ▶「とく」(連用形)で「とっくに」の意味。

| 38 **なつかし**
【懐かし】 形 シク活用 | ① 心ひかれる
② かわいい・いとおしい |

なつかしく 心ひかれる 我が母校

懐かし ▶ なついている ▶ 心ひかれる

| 39 **なまめかし**
【生めかし・艶めかし】 形 シク活用 | ① 奥ゆかしい・優美だ
② 若々しい |

粋なママ めかしてしっとり 美しい
なまめかし

なまめかし ▶ まだ若い美しさ ▶ 優美だ

| 40 **はかなし**
【果無し・果敢無し】 形 ク活用 | ① 頼りにならない　② むなしい
③「はかなき」=ちょっとした・
　つまらない |

ちょっとした 老いの兆しに ははかなし
母

はかなし ▶ はかどらなくてむなしい ▶ 頼りない

024

例文 **ときこと風のごとくして、この嶋に来つきぬ**

(今昔物語集)

訳 速いことは風のように、この嶋に到着した

解説 連用形「とく」の形で使われることが多く、現代語では「とっくに」となって残っている。語幹用法で「と」となると「疾し」だと気づきにくいので注意が必要。

例文 夜の静かになりゆくままに、いふ限りなく**なつかしき**夜の御遊びなり(源氏物語)

訳 夜が静かになるにつれて、言い表せないほど心ひかれる夜の管弦の催しである

関連語

題 ゆかし ▶ 52

解説 動詞「懐く」の形容詞形。物事に心ひかれるイメージ。「昔のことがしみじみと思い出される」という現代語のような意味は、鎌倉時代以降、用いられるようになった。

例文 **なまめかしき**もの　ほそやかにきよげなる君達の直衣姿(枕草子)

訳 優美なもの　ほっそりとして美しい貴公子の直衣姿

関連語

題 いうなり ▶ 65
題 えんなり ▶ 68
奥ゆかし

解説 若々しくはつらつとしていることを表す。官能的な意味ではなく、落ち着いて深い精神的な美について用いられる。

例文 **はかなき**文つけなどだにせず(枕草子)

訳 (梨の花には)ちょっとした手紙をつけたりなんかさえしない

関連語

題 いたづらなり ▶ 66

解説 「はかばかし」「はかどる」と同語源で、物事が進まないイメージ。連体形「はかなき」で「つまらない・ちょっとした」の意味に用いられるのが重要。

41 はかばかし	① しっかりしている・頼りになる
	② てきぱきしている
【果果し・捗捗し】 形 シク活用	③ はっきりしている

 寺の墓地 確かにみんな はかばかり
墓

はかばかし ▶ てきぱき進む ▶ はかどるので頼りになる

42 はしたなし	① 中途半端だ
	② きまりが悪い・みっともない
【端なし】 形 ク活用	③ 無愛想だ

 無愛想で はしたなき子は みっともない

端なし ▶ 「端っこ」がなく中途半端 ▶ きまりが悪い

43 はづかし	① 気後れする
	② 立派だ
【恥づかし】 形 シク活用	

 あまりにも 親立派だと 子はづかし
立

恥づかし ▶ あちらが立派なのでこっちが恥ずかしい

44 びんなし	① 不都合だ
	② 感心しない
【便無し】 形 ク活用	

 山奥で バスのびんなし 不都合だ
便無し

便無し ▶ 「便宜」がなくて不都合な

例文 **はかばかしき**御後見もなければ（栄花物語）

訳 しっかりとした御後ろ盾もないので

解説 「はかばかし」の「はか」は、物事の見当ということで、物事がはかどるイメージ。「見当がつけられて頼りになる」という意味だが、否定的表現を伴うことが多い。

例文 かかるところにゐならはぬを、いと**はしたなき**心ちするに（和泉式部日記）

訳 このようなところに座り慣れないことを、とてもみっともない気分がするので

解説 「はした（＝中途半端）」の意で、続く「なし」は前の語を強調し、「ひどく〜だ」の意を添える。現代語のような「みっともない」の意味でも使われる。

関連語

類ひとわろし ▶ 174

類まさなし ▶ 45

はしたなむ

例文 よに**はづかしく**心にくきおぼえおはす（大鏡）

訳 実に立派で奥ゆかしいという評判がおありである

解説 自分が恥ずかしいという気持ちを表すだけでなく、こちらが恥ずかしくなるほど立派な相手の様子も表す。

関連語

類やさし ▶ 50

例文 女のもとに夜ふけていきたりけるに、今宵は**びんなき**よしいひければ（長秋詠藻）

訳 女の所に夜が更けてから行ったところ、今夜は都合が悪いということを言ったので

解説 「便宜が悪くて不都合だ」という意味。「ふびんなり」も同じ意味だが、こちらには現代語の「ふびんだ」のような「かわいそうだ」という意味もある。

関連語

類ふびんなり

45 まさなし	① 見苦しい
	② 思いがけない
【正無し】形 ク活用	③ 不都合だ・けしからん

けしからぬ 高い値段で うまさなし

正無し ▶ 正当でない ▶ 予想外 ▶ 見苦しい ▶ けしからん

---

46 むつかし	① 不快だ
	② 気味が悪い
【難し】形 シク活用	③ めんどうだ

むつかしい 顔をされては 不快だよ

難し ▶ 不快感 ▶ めんどうだ

---

47 めざまし	①目障りだ・気にくわない
	②目が覚めるほどすばらしい
【目覚まし】形 シク活用	

鳴り止まぬ めざましの音 気にくわぬ
目覚まし

目覚まし ▶ 眠い目もすぐ覚めるほどすばらしい

---

48 めでたし	すばらしい・見事だ
形 ク活用	

おめでたい 式に見事な 花飾り

めでたし ▶ ほめてほめてほめぬいてしまう ▶ 見事だ

例文 御送り迎への人の衣の裾たへがたう、**まさなきこと**どもあり(源氏物語)

訳 送り迎えの人の衣の裾が(汚れて)耐えがたいぐらい、不都合なことなどもある

解説 正当性がなくて、あってはならないことを表す。見苦しい場面を詳しく描写するといやな気分になるので避けたいとき、遠回しに「まさなし」と表現することもある。

関連語
類はしたなし ▶42
類ひとわろし ▶174

例文 蝶はとらふれば、手にきりつきて、いと**むつかしきも**のぞかし(堤中納言物語)

訳 蝶はつかまえると、手に粉がついて、とても不快なものだよ

解説 現代語の「むずかる(=すねて駄々をこねる)」と同じ語源で、不快のあまりむずかっているイメージ。現代語の「難しい」の意味はないことに注意。

関連語
かたし ▶161
むつかる

例文 **めざましき者**におとしめそねみたまふ(源氏物語)

訳 気にくわない者として軽蔑したり憎んだりなさる

解説 目が覚めるぐらいびっくりさせるもののイメージ。悪い意味、良い意味の両方に用いるが、悪い意味のほうが多い。

関連語
類こころづきなし ▶22

例文 散ればこそいとど桜は**めでたけれ**うき世になにか久しかるべき(伊勢物語)

訳 散るからこそなおさら桜は見事なのだ。この世に永遠のものなど何があろうか

解説 もともと「めづ」に「いたし」(甚だしい)が付いた語で、ひどくほめたくなってしまうというイメージ。

関連語
類めづらし ▶178

49 めやすし	感じがよい・見苦しくない
【目安し】 形 ク活用	

服装の 感じがよいと ほめやすし

目安し ▶ 人々の目安になれそうなくらい感じがよい

50 やさし	① 恥ずかしい
	② 優雅だ
【優し】 形 シク活用	③ 感心だ

やさしくて 優雅な人が 理想像
優

優し ▶ 「痩す」の形容詞化で、身が痩せ細るような気分を表す

51 やむごとなし	① 放っておけない
	② 格別だ
【止む事無し】 形 ク活用	③ 高貴だ

やむことなし 高貴な姫への 贈り物
止む　　　無し

止む事無し ▶ 放っておけない ▶ 格別だ ▶ 高貴だ

52 ゆかし	① 見たい・聞きたい・知りたい
	② 心ひかれる・慕わしい
形 シク活用	

ゆかしたに 心ひかれる 金の壺（つぼ）
床下

ゆかし ▶ 心がそちらへ行くほど心ひかれる

例文 すこし老いて物の例知りおもなきさまなるも、いとつ
きづきしく**めやすし**(枕草子)

とのもりづかさ

訳 (主殿司は)少し老いて先例を知り平然としているの
も、とても似合っていて感じがよい

解説 目に安らかな感じを受けるイメージ。「見苦しくなく感
じがよい」という意味で、容姿や外見のことを表すのに使
われることが多い。

関連語
対みぐるし

例文 楽こそおほけれ、この楽をひき給ひける**やさしさよ**
(平家物語)

訳 曲もたくさんあるが、この曲を演奏なさった優雅さよ

解説 動詞「痩す」の形容詞化したもので、もともと「身も痩
せるほどつらい」という意味。そこから「こちらがつらいほ
ど相手が立派だ」の意味になった。

関連語
類はづかし
▶43

例文 **やむごとなき**人の、よろづの人にかしこまられ、かし
づかれ給ふ(枕草子)

訳 高貴な人が、多くの人にうやうやしく扱われ、大事に
世話されておられる

解説 もともとは「やむをえない・ほうっておけない」の意味
で、「ほうっておけないほど重要だ➡高貴だ」の意味になっ
た。「高貴だ」の意味で問われることが多い。

関連語
類あてなり
▶62

例文 物や**ゆかしかり**けむ、賀茂の祭見に出でたりけるを
(伊勢物語)

かも

訳 何か心ひかれたのだろうか、葵祭を見に出かけたのを

あおいまつり

解説 動詞「行く」の形容詞化したもので、心があっちに行っ
ているイメージ。由緒があって上品そうなものになんとな
く心がひかれる場合に使われることが多い。

関連語
類なつかし
▶38

53 ゆくりなし 形 ク活用	① 突然だ ② 軽はずみだ

突然の 訪問客で ゆっくりなし

ゆくりなし ▶ 思いがけなくゆっくりしていない様子

54 ゆゆし 形 シク活用	① 不吉だ・忌まわしい ② 甚だしい ③ 優れている

忌まわしく 不吉な予感 ゆゆしてよ
許し

ゆゆし ▶ 神様のせいで良かったり悪かったりする

55 よろし 【宜し】 形 シク活用	① 悪くない・まあまあだ ② 普通だ ③ 適当だ・妥当だ

まあまあだ これでよろしと 言う上司

宜し ▶ まあよろしい ▶ 普通だ ▶ 適当だ

56 らうたし 【労たし】 形 ク活用	かわいい

愛らしい たらうたしかに かわいい子
太郎 確

労たし ≒ うつくし ▶ かわいい

例文 かくいひてながめつつ来るあひだに、**ゆくりなく風ふ**
きて（土佐日記）

訳 このように言って物思いにふけりながら来る間に、突
然風が吹いて

解説 ゆっくりせず突然に、のイメージで覚えるとよい。た
だし、語末の「なし」は「はなはだしい」という意を添える接
尾語。「ゆくりもなく」の形で使われることもある。

例文 この世のものならず清らにおよずけ給へれば、いと**ゆ
ゆしう**思したり（源氏物語）

訳 この世のものではないぐらい美しく成長なさっている
ので、とても**不吉に**お思いになった

解説 神聖なものが不吉に思われて避けたくなることを表
す。「不吉なぐらいすばらしい」という良い意味にも用いら
れるので、文脈を見極めることが大切。

関連語

類 いと・いとど ▶122
類 いまいまし ▶255
類 いみじ ▶ 8

例文 若く**よろしき**男の、下衆女の名よび馴れていひたるこ
そにくけれ（枕草子）

訳 若くて**まあまあの**男が、身分の低い女の名をなれなれ
しく呼んでいるのは憎らしい

解説 他のものや今までと比べてましだ、ということを表す
相対的評価の言葉。「よし」が絶対的評価であるのと異なる。

関連語

類 よし
対 あし
対 わろし

例文 御目のしりのすこしさがり給へるが、いとど**らうたく**
おはするを（大鏡）

訳 目尻が少し下がっておられるのが、ますます**かわいく**
ていらっしゃるので

解説 弱いものを守ってやりたくなる気持ちを表す。類義
語に「うつくし」がある。昔は「カワイイ」を表す語が複数あ
り、細かく使い分けていたのである。

関連語

類 うつくし ▶ 11

57 わびし	① がっかりだ ② やり切れない
	③ つらい ④頼りない
【侘びし】 形シク活用	⑤ おもしろくない

わびしくて やり切れないも 恋のうち

侘びし ▶ つらくてやり切れない

---

58 わりなし	① 道理にはずれている ② 無理だ
	③ つらい ④ どうしようもない
【理無し】 形ク活用	⑤ 「わりなく(う)」=ひどく

ギターばっかり

メンバーの 代わりなしとは 無理無茶だ

理無し ▶ 「理」が「無い」▶ 道理にはずれている

---

59 をかし	① 風情がある
	② おもしろい
形シク活用	

おいしい これおいしい

風情より をかしを選ぶ 花より団子
お菓子

をかし (知的) ⟷ あはれなり (感性的)

---

60 あからさまなり	① ついちょっとした
	② (打消の形で)ほんの少しも(〜ない)
形動ナリ活用	③ 露骨だ

ちょっ とだけ

五十音 「あ」から「さ」まで ついちょっと

あ	か	さ	た
い	き	し	ち
う	く	す	つ

古 ほんの少しのこと ▶ 今 露骨で明らかな様子

例文 なでふかかるすきありきをして、かく**わびしきめ**をみるらむ(大和物語)

訳 どうしてこのような道楽歩きをして、このようにやり切れない目に遭うのだろう

解説 思い通りにならないときに用いる。「わぶ」と語源が同じで、ついつい嘆きたくなるぐらいつらいイメージ。現代の「わびしい」よりも、もっと広い意味で使われる。

関連語
わぶ

例文 いと**わりなき**ことなり。世にある人の、身思はぬやはある(宇治拾遺物語)

訳 とても無理なことだ。世の中の人で、わが身を大事に思わない者がいようか

解説 「理無し」の「わり」は、「ことわり」の「わり」と同じ。ものごとが割り切れないことをいう。「あやなし」も同じような意味だが、「わりなし」にはつらい気持ちが含まれることが多い。

関連語
あいなし ▶1
あぢきなし ▶3
あやなし ▶155
ことわり

例文 ただひとつふたつなど、ほのかにうちひかりて行くも**をかし**(枕草子)

訳 (蛍が)ただ一つ二つなど、ぼんやりと光って(飛んで)行くのも風情がある

解説 知的な面白さを感じたことを表す言葉で、現代語の「おもしろい」が最も近い。「あはれなり」とよく対比され、「枕草子」などで多く使われている。

関連語
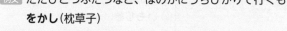おもしろし ▶17
あはれなり ▶64

例文 **あからさまに**、たち出で侍るにつけても(源氏物語)

訳 ついちょっと、外出するにつきましても

解説 まばたきの瞬間を意味し、そこから「突然に・急に」の意が生じた。「露骨だ」の意味は江戸時代以降に用いられた。

関連語
かりそめなり ▶183

61 あだなり	① 無駄だ
【徒なり】 形動 ナリ活用	② 浮気だ
	③ はかない

あだなりの 無駄は はかない 浮気なり

徒なり ▶ 「徒」は無駄で無益なこと、「徒労」の「徒」

---

62 あてなり	① 高貴だ
【貴なり】 形動 ナリ活用	② 優美だ

恋文は 高貴なお方 あてなのよ
宛

貴なり ▶ 「貴」の漢字から連想できる意味

---

63 あながちなり	① 強引だ
【強ちなり】 形動 ナリ活用	② いちずだ
	③ ひたすら

あながちに アナの勝ちとは 強引だ

強ちなり ▶ 「強く」から連想できる意味

---

64 あはれなり	① しみじみとした情趣がある
形動 ナリ活用	② しみじみと感動する
	③ 美しい・かわいい

ああ<u>われ</u>は 趣のある 庭が好き
我

あはれ ▶ (ああ)と嘆息をつくような心情

例文 露をなど**あだなる**ものと思ひけむ(古今和歌集)

訳 露をどうしてはかないものと思ったのだろうか

解説 「まめなり」の対義語「徒なり」は、長続きせず無駄で無益なことを表す。しかし、「徒なり」のほうが内実として風情あることが多い。

関連語

対まめなり ▶ 78

例文 世界の男、**あてなる**もいやしきも(竹取物語)

訳 世の中の男は、高貴な者も身分の低い者も

解説 漢字表記のように「高貴であること」だが、家柄や身分だけではなく「優美な雰囲気」も含んでいる。それに対して「やむごとなし」は身分などの高貴さをいう。

関連語

類やむごとなし ▶ 51
対いやし

例文 父大臣の**あながちに**し侍りしことなれば(大鏡)

訳 父の大臣が強引にしましたことなので

解説 「自分の意志を強く貫き通すこと」がそもそもの意味で、そこから「ひたすら・いちずに」の意味が生じた。

例文 **あはれなる**もの、孝なる人の子(枕草子)

訳 しみじみと感動するもの、親孝行をする人の子供

解説 思わず「あはれ」(ああ)と、ため息をつくような「心にしみじみとする」感動、悲嘆、同情、情趣。「をかし」は思わず心ひかれるような明るく華やかな情趣。

関連語

あはれ
あはれがる
をかし ▶ 59

65 いうなり	① 優れている
【優なり】 形動 ナリ活用	② 優美だ・上品だ

人はいうなり 彼は優美な 遊び人
<u>言う</u>

優なり ▶ 優美な様子

---

66 いたづらなり	① 無駄だ
	② はかない
【徒らなり】 形動 ナリ活用	③ 手持ちぶさただ

いたづらを 母に弁解 しても無駄

徒ら ▶ 徒労感を表す。徒らなり ≒ 徒なり

---

67 うちつけなり	① 突然だ
	② 軽率だ
【打ち付けなり】 形動 ナリ活用	③ 露骨だ

突然の 火事にうちつけ うちつけよ
<u>落ち着け</u>　<u>落ち着け</u>

打ち付けなり ▶ 物を打ち付けるように急に

---

68 えんなり	① 優美だ・しっとり美しい
	② 魅力的だ
【艶なり】 形動 ナリ活用	

えんなりで 美女の優美な 舞い踊り
<u>宴会</u>

艶なり ▶ 優美な上品さ ≠ 華やかさ

例文 左右の歌、共にもって**いうなり**（天徳内裏歌合）

訳 左右の歌は、共に優れている

類えんなり
▶ 68
類なまめかし
▶ 39

解説 「優」を形容動詞化した語。ひらがなで「いうなり」と書かれているとき、「いふなり（言ふなり）」と混同しないこと。

関連語

例文 （水車は）つひに回らで、**いたづらに**立てりけり
（徒然草）

訳 （水車は）結局回らないで、無駄に立っていたそうだ

類はかなし
▶ 40

解説 「無駄である・役に立たない」が原義。「いたづらになる」で「無用のものになる➡死ぬ」の意味もある。また、「徒らなり」と「徒なり」は同じ漢字表記から、近い意味である。

関連語

例文 **うちつけに**、海は鏡の面のごとくなりぬれば
（土佐日記）

訳 突然に、海は鏡の表面のようになったので

解説 「打てば響くように即座に反応するさま」を表す。そこから「突然だ」、さらには「深く考えずに急に動く軽率さ」の意味も生じた。

例文 おろそかなるものから、**えんなる**住まひなる
（とはずがたり）

訳 粗末ではあるものの、魅力ある住まいである

類いうなり
▶ 65
類なまめかし
▶ 39

解説 「上品な優美さ」を表し、「華やか」の意味ではない。「上品でしっとりした美しさ」を意味し、人に限らず用いられる。

関連語

69 おぼろけ(げ)なり	① (打消を伴い)並大抵だ・普通だ
形動 ナリ活用	② (打消を伴わず)並大抵でない

おぼろけに 夢で見た美女 並でない

おぼろけなり ＋ 打消 ＝ 並大抵でない ▶ おぼろけなり

70 おろかなり	粗末だ・いい加減だ
【疎かなり】 形動 ナリ活用	

勉強を お粗末にする おろかなり

疎かなり ≠「愚かだ」

71 さらなり	① 今さらだ
【更なり】 形動 ナリ活用	② 言うまでもない

皿は皿 言うまでもない おさらなり
　　　　皿

更なり ＝ 今さら言うほどのことでもないということ

72 すずろなり	① あてもない
	② 関係がない　③ 意外だ
【漫ろなり】 形動 ナリ活用	④ むやみやたらだ

あてもなく すずろ歩きの 二人連れ
　　　　　　　そぞろ

漫ろなり ▶ 特に目的がなくぼんやりしている

040

例文 **おぼろけに**思ひ忍びたる御後見（源氏物語）

訳 並大抵でなく堪え忍んでのお世話

解説 そもそも「打消」を伴い「並大抵でない」の意味。その後「おぼろけ」に「打消」が含意され、打消を伴わずとも「並大抵でない」という意味になった。

関連語
類なのめなり
▶ 76

例文 わづか二つの矢、師の前にて、一つを**おろかに**せんと思はんや（徒然草）

訳 たった二つの矢を、師の前で、一本を粗末にしようと思おうか。いや、思いはしない

解説 「疎かだ」の意味。すなわち、頭や心の働きがいい加減である様子を表す。現代的な「愚かだ」とは違う。

関連語
類おろそかなり
類なのめなり
▶ 76

例文 唐のは**さらなり**、大和のもいとめでたし（枕草子）

訳 中国の（花）は言うまでもない、日本の花もとてもすばらしい

解説 「いへばさらなり」が略された形。「言葉にすれば今さらという感じになってしまう」という意味から転じて、「言うまでもない」の意味になった。

関連語
類いふもさらなり
類いへばさらなり
類さらにもいはず

例文 むかし、男、みちの国に**すずろに**行きいたりにけり（伊勢物語）

訳 むかし、ある男が、陸奥の国にあてもなく行き着いたのであった

解説 「そぞろ」となることもある。とくに意識せずに事が進行する意。そこから、②・③の意にも派生する。④は「すずろに」の形になることが多い。

041

<table>
<tr><td>

73 せちなり

【切なり】 形動 ナリ活用
</td><td>

① 懇切だ
② 痛切だ
③ 「せちに」=ひたすら
</td></tr>
</table>

大みそか ひたすら作るは おせちなり

切なり ▶ 切実に行っている

<table>
<tr><td>

74 つれづれなり

【徒然なり】 形動 ナリ活用
</td><td>

退屈だ・手持ち無沙汰だ・すること
がない
</td></tr>
</table>

退屈だ つれつれ出して ドライブに
　　　　　友人

徒然なり ▶ することがなくて手持ち無沙汰のイメージ

<table>
<tr><td>

75 なかなかなり

【中中なり】 形動 ナリ活用
</td><td>

① 中途半端だ
② 「なかなか」「なかなかに」
　 =なまじっか・かえって（副詞）
</td></tr>
</table>

親しいと なかなかかえって 言い出せぬ

なかなか ▶ 「なか（＝半ば）」を繰り返す ▶ 中途半端な

<table>
<tr><td>

76 なのめなり

【斜めなり】 形動 ナリ活用
</td><td>

① 平凡だ
② 「なのめならず」=格別だ
③ 「なのめに」=格別だ
</td></tr>
</table>

平凡な 服じゃ引けない みんなのめ
　　　　　　　　　　　　　　　目

斜めならず ▶ なみなみでない・平凡でない ▶ 格別だ

例文 世の人は**せちに**言ひおとしきこゆるこそ、いとほしけれ（枕草子）

訳 世間の人は**ひたすら**悪く申し上げるのは、たいそうお気の毒なことだ

解説 もともと漢語「切」で、「痛切だ・懇切だ・切実だ」などの意味で、差し迫ったイメージ。連用形「せちに」は「ひたすら・ぜひとも」の意味で、副詞のように使われる。

例文 **つれづれなる**ままにひぐらしすずりに向ひて（徒然草）

訳 **退屈な**のにまかせて一日中硯に向かって

解説 何かしたい気持ちがあるのにすることがないことを表す。「暇だ」というよりは、「することもなく手持ち無沙汰だ」の意味。

例文 例よりは**なかなか**静かに、人もみえず（宇治拾遺物語）

訳 いつもよりは**かえって**静かで、人も見えない

解説 「かえって・なまじっか」の意味の「なかなかに」から「なかなかなり」ができたと言われる。「中」は、「半ば」の意で、これを重ねて意味を強めている。

例文 をとこにさへおはしましけるよろこび、いかがは**なのめならむ**（紫式部日記）

訳 （生まれたのが）男でいらっしゃった喜びは、どうして**平凡な**はずがあろうか

解説 元来、「なのめならず」のように打消を伴って用いられ、「平凡でない・格別だ」の意味を表すのが普通だったが、のちに「なのめなり」だけでも「格別だ」の意味になった。

📖 関連語

類 おぼろけ（げ）なり ▶ 69
類 おろかなり ▶ 70
類 おろそかなり

77 ねんごろなり	① 熱心だ
【懇ろなり】 形動 ナリ活用	② 親しい

熱心に ねんねんころりと 子守歌
懇ろなり

懇ろなり ▶ 「懇切」「懇親」の「懇」の字のイメージ

78 まめなり	① 誠実だ・まじめだ
【忠実なり】 形動 ナリ活用	② 実用的だ

誠実だ まめなリポート 気に入った
忠実なり

忠実なり ▶ 人に対しては誠実だ／物に対しては実用的だ

79 むげなり	① まったくひどい
	② ほかでもない
【無下なり】 形動 ナリ活用	③ むやみやたらに

隣人の **ひどいうわさは** むげんなり
無限

無下なり ▶ それより下が無い ▶ ひどい ▶ むやみに

80 あく	① 満足する
【飽く】 動 カ行四段活用	② 飽き飽きする

堪能し あくほど満足 ごちそうさま!
飽く

古 堪能して満ち足りていること ≠ 今 もう十分で嫌になること

例文 汝、**ねんごろに**我をたのめり（宇治拾遺物語）

訳 おまえは、熱心に私をあてにしている

解説 まごころを込めていることを表す。物事について用いると「熱心だ」、人間関係について用いると「親しい」の意味になる。

例文 **まめなる君**にて、いとほしと思へり（源氏物語）

□ 関連語

対 あだなり
▶ 61

訳 誠実な方で、「気の毒だ」と思った

解説 人間性について用いると「まじめである」、物事について用いると「実用的だ」の意味になる。

例文 されば、汝の歌**むげなり**（ささめごと）

訳 だから、お前の歌はひどいのだ

解説 それより下がらない（無下）というイメージ。連用形「むげに」の形で用いられることもある。この場合、単に程度を強めるだけで、「ひどい」の意味はない。

例文 かみ なか しも、ゑひ**あきて**（土佐日記）

□ 関連語

あかなくに
こころゆく

訳 身分の上の者、中位の者、下っぱの者も、すっかり酔っぱらって

解説 「十分満足し、楽しむこと」を意味し、そこからさらに「十分過ぎて飽き飽きする」という意味を表す。また、四段動詞であることに注意。

81 あくがる	① (身体が)さまよい出る・離れる
【憧る】 動 ラ行下二段活用	② (心が)ぼんやりする

夜おそく さまよい出る子 あくがーる
　　　　　　　　　　　　　　　　悪girl

古 心がぼんやりし、身体がさまよい出ること ≒ 今 (心ひかれる対象への)あこがれ

82 あふ	男女が出会い結婚する
【会ふ・逢ふ】 動 ハ行四段活用	

運命の 彼女と出あひ 結婚す
　　　　　　　　出会い

男女が あふ ▶ 結婚する

83 ありく	① 歩きまわる
【歩く】 動 カ行四段活用	② あちこちで〜する・ずっと〜する (補助動詞)

あちこちと ありくるくると 歩きまわる
　　　　　　　　　蟻

歩く ▶ 歩くだけでなく、あちこち歩きまわったり乗り物などで移動したりする

84 あるじす	ごちそうする・おもてなしする
【饗す】 動 サ行変格活用	

あるじかん 主人がごちそう そっと出し
　　　　時間

饗す ▶ 主人が客をもてなすという意味

例文 人の言にうちなびき、この山里を**あくがれ**給ふな

（源氏物語）

訳 人の言葉につられてこの山里をさまよい出なさるな

関連語

類かる ▶ 95

解説 魂が抜け出して、ぼんやりする様子。身体について用いると「さまよい出る」、精神について用いると「ぼんやりする」の意味になる。現代語の「あこがれ」の語源。

例文 親の**あは**すれども聞かでなむありける（伊勢物語）

訳 親が結婚させ（ようとす）るけれども聞き入れないでいた

関連語

類みる ▶ 106

解説 古典世界において、男と女が顔を合わして「あふ」ときは、「結婚する」ときである。そのときまで、顔を「見る」ことはほとんどない。

例文 野に**あり**けど、心は空にて（伊勢物語）

訳 野に狩りをしに歩きまわるが、心はうつろで

解説 「歩きまわる」の意味から、「外出する」の意味もある。また、女性のもとを「歩く」のときは、「浮気する」と解釈できる。

例文 方違へに行きたるに、**あるじせ**ぬ所（枕草子）

訳 方違えに行ったのに、もてなしをしない家

関連語

類あるじまうけす

解説 その家の主人が、訪れた客を接待し、おもてなしをするという意味。「饗設けす」も同意語。

85 □ **うけたまはる**	① お聞きする・うかがう
	② お受けする
【承る】 動 ラ行四段活用	③ 承知する

ご注文は？

注文を うけたまはりに うかがうよ

聞く・受く・承諾するの意 の謙譲語

---

86 □ **うつろ(ら)ふ**	① 美しさが衰える・色あせる
	② 花が散る
【移ろ(ら)ふ】 動 ハ行四段活用	③ （人の心が）変わっていく

わが写真 時がうつろふ 色あせる

移る ＋反復 ふ （奈良時代の助動詞）＝ 様々なことが移りゆくこと

---

87 □ **おきつ**	① 命令する
	② 計画する
【掟つ】 動 タ行下二段活用	

あれやれ!!
これやれ!!

生徒らに おきて仕事を 命令す
起きて

掟つ ▶ 「掟」から連想できる意味

---

88 □ **おこす**	（手紙や使いを）寄こす・
	（先方から）送ってくる
【遣す】 動 サ行四段活用・サ行下二段活用	

よこせ!!

ベッドから 新聞寄こせと 身をおこす
起こす

遣す ＝（手紙や使いを）寄こす ⟷ 「遣る」＝（手紙や使いを）送る

例文 『ちとうけたまはらばや』と言はれければ（徒然草）

訳 「少しお聞きしたい」とおっしゃったので

解説 「聞く」の謙譲語であるが、「承諾する」の意味の謙譲語で「承諾申し上げる」、「受く」の謙譲語で「お受けする」の意味もある。

例文 菊の花の**うつろへる**を折りて（伊勢物語）

訳 菊の花の色があせたものを折って

関連語

類 うつる

解説 「時が移り様々な物事が、はかなく変わりゆく」意味を表す。多くは望ましくない方向へ変化する場合をいう。「万葉集」などに多く見られる語。

例文 高名の木登りといひしをのこ、人を**おきてて**、高き木にのぼせて梢を切らせしに（徒然草）

訳 名高い木登りといわれた男が、人を指図して、高い木に登らせて梢を切らせたときに

解説 「掟（＝予め決められたこと）」が原義。ゆえに「命令する・指示する」「予定する・計画する」の意味である。

例文 人遣りつるに、行きたがひて彼方より下仕への女を**おこせ**たり（うつせ貝）

訳 （男が）使いを送ったところ、行き違いにあちら（女）の方から使いの女を寄こした

関連語

対 やる

解説 「寄こす」の意味。「遣る」は「送る」の意味で対義である。主語の関係も、（Aが）「遣る」 ⟷ （Bが）「遣す」と対をなす。現代語の「起こす」と混同しないこと。

89 おこたる	① 怠ける・休む
	② 油断する
【怠る】 動 ラ行四段活用	③ 病気が治る

養生で 病気が治る おこたるな

怠る = 病気が治る ↔ 「悩む」= 病気になる

| 90 おこなふ | 仏道修行をする・勤行する |
| 【行ふ】 動 ハ行四段活用 | |

今までの おこない改め 仏道修行

行ふ ▶ 手順通りになされる動作 ▶ 仏門の修行

---

91 おどろく	① はっと気づく
	② 目を覚ます
【驚く】 動 カ行四段活用	

おどろきて はっと気がつく 目を覚ます

驚く ▶ 刺激にはっとする ▶ 気づく ▶ 目を覚ます

---

92 おぼゆ	① 自然に思われる
	② 思い出される
【覚ゆ】 動 ヤ行下二段活用	③ 似ている

おぼゆ煮る 母の姿が 思われる
重湯

覚ゆ ≠ 思ふ

例文 悩みわたるが、**おこたり**ぬるもうれし（枕草子）

訳 病気を患い続けていたのが、治ったのもうれしい

解説 「なまける」の意は、現代語とほぼ同意。そこから転じて「病の鬼が怠けて、病気が治ってしまう」イメージ。「悩む」は「病気になる」の意で対義語。

関連語

対なやむ ▶101

例文 持仏を据ゑ奉りて**おこなふ**、尼なりけり（源氏物語）

訳 持仏を据え申し上げて勤行をする、尼であった

解説 《仏道に関連することば》「世捨つ」「様変はる」「御髪下ろす」＝出家する 「庵」＝世捨て人の仮小屋 「契り・宿世」＝前世からの宿命

関連語

おこなひ

例文 寝入りたるほどに門たたく音に**おどろかれて**
（蜻蛉日記）

訳 寝込んでいる時に門をたたく音に思わず目を覚ましてしまい

解説 「（驚いて）はっと気がつく・目を覚ます」の意味。現代語の「驚く」と同じ意味になることもあるので、使い分けに注意。

関連語

類おどろかす

例文 いと興あることなり。いで**おぼえ**給へ（大鏡）

訳 とてもおもしろいことだ。さあ昔を思い出してください

解説 「〜ゆ」は上代の「自発・受身」の意の助動詞。そこから「自然と思い出される」の意が出てくる。「思う」と訳すと×になると思っていたほうがよい。

関連語

おぼえ
きこゆ ▶139
みゆ ▶207

93 かしづく	① （子供に対して）大切に育てる
【傅く】動 カ行四段活用	② （大人に対して）大切に世話する

孫かわい 大切に育て かしづくし
　　　　　　　　　　　　菓子

傅く ▶「傅育」＝ 守り育てる ▶ 大切に育てお世話する

---

94 かづく	「被く」＝①（四段活用）被る・頂く
	②（下二段活用）被せる・与える
【被く・潜く】動 カ行四段活用・カ行下二段活用	「潜く」＝①（四段活用）潜る
	②（下二段活用）潜らせる

いただくわ ごうかづくしの このドレス
　　　　　　　　豪華

かづく ▶「被く・潜く」は、どちらも四段・下二段の二種類

---

95 かる	離れる
【離る】動 ラ行下二段活用	

お金かる 度に友達 離れるぞ
　　　　借る

離る ▶ 時間的に途絶える／心理的に疎遠になる

---

96 ぐす	① 備わる
【具す】動 サ行変格活用	② 伴っていく・連れていく

ぐすぐすと 泣く子を無理に 連れていく

具す ▶「具」の漢字の意味 ▶ 身に備わっている

例文 親の**かしづき**ける、人のむすめありけり（篁物語）

訳 親が大切に育てた、娘がいたそうだ

解説 「傅」は、子供に対して「大切に育てる」の意。大人に対しても用いられ、その場合は「大切にお世話する」と解釈する。

例文 御使ひに、なべてならぬ玉裳など、**かづけ**たり
（源氏物語）

訳 お使いの人に、並々ならぬ美しい衣装などを与えた

解説 「被く」「潜く」の表記による違いや、四段と下二段の違いに注意。四段活用は自動詞、下二段活用は他動詞。

例文 今はとて宿**かれ**ぬとも馴れ来つる真木の柱はわれを忘るな（源氏物語）

訳 もうこれまでとこの家を離れたとしても日頃なじんでいた真木の柱よ私を忘れないでくれ

解説 時間的・空間的・心理的に遠ざかる意味。和歌の中で、「枯る」の掛詞として使われることが多い。

関連語

類 あくがる
▶ 81

例文 やがて**ぐせ**られて下りて、たのしく心安くありと
（沙石集）

訳 そのまま連れられて下って、裕福で安穏に暮らしていると

解説 漢字が表すとおり、「対象を身に具える」イメージの言葉。そこから「人に付き従う・一緒に行く」の意味が生じた。

97 しる 【知る・領る・治る】動 ラ行四段活用	① 統治する・治める ② 領有する

民をしる 国を治める 鉄則だ
　知る

しる ▶ 対象を自分のものとする ▶ 理解する ▶ 治める

---

98 たのむ 【頼む】動 マ行四段活用・マ行下二段活用	① (四段)あてにする ② (下二段)あてにさせる・あてになると思わせる

両親に 仕送りたのむ あてにする

頼む ▶ (四段)あてにする・(下二段)あてにさせる

---

99 ときめく 【時めく】動 カ行四段活用	① 時流に乗って栄える ② 寵愛を受ける

わが恋は 栄えているの ときめくの

時めく ▶ 時勢に合っている ▶ 愛される

---

100 ながむ 【眺む・詠む】動 マ行下二段活用	「眺む」=①物思いにふける 　　　　②ぼんやりながめる 「詠む」=(歌などを)詠む

物思い 沈んでながむ 雨の庭
　　　　　　眺む

ながむ ▶ 文脈によって 眺む か 詠む かを区別する

例文 世のなかを**しり**給ふべき右の大臣の御勢ひは（源氏物語）

訳 世の中をお治めになるはずの右大臣の勢威は

解説 事柄を自分の支配の下に置くことをいう。漢語でも、「知事」の「知」は統治する意味である。もちろん、普通の「知る」の意味でも使われる。

📖 **関連語**

しろしめす

例文 御兄をば親のやうに**たのみ**申させたまひ（大鏡）

訳 兄上を親のようにあてにし申し上げなさって

解説 四段で「あてにする」、下二段で「あてにさせる・自分があてになると思わせる」の意。「誰が誰を」あてにするのか、主客が変わるので、活用の種類に注意。

📖 **関連語**

たより　▶114

例文 いとやむごとなき際にはあらぬが、すぐれて**ときめき**
給ふありけり（源氏物語）

訳 さほど高貴な身分ではない方で、たいそう寵愛を受けておられる方がいた

解説 男性について用いると、時の人になってちやほやされているイメージ。女性について用いると、「高貴な人から寵愛される」の意味。

例文 この女、いとようけさうじて、うち**ながめ**て（伊勢物語）

訳 この女は、とてもきれいに化粧して、ちょっと**物思い**に沈んで

解説 ぼんやりなにかを眺めながら物思いに沈むことを表す。ふつうは眺めることと物思いの両方を指しているが、一方だけに偏っている場合もある。

📖 **関連語**

対まぼる・
まもる▶105

101 なやむ 【悩む】 動 マ行四段活用	① 病気で苦しむ・わずらう ② 苦労する

なやむほど 病わずらう 恋心

悩む ▶ 身体的に苦しむ ▶ 苦労する

102 にほふ 【匂ふ】 動 ハ行四段活用	① 美しく色づく ② 照り映える ③ 咲きほこる

ご婦人の 胸にほうせき 照り映える
宝石

匂ふ ▶ 視覚的に美しい ▶ 美しく咲きほこる

103 ねんず 【念ず】 動 サ行変格活用	① 心に思う・祈願する ② 我慢する・こらえる

好きなこと ねんずーこらえる 受験生
年中

念ず ▶ 強く心に持っている

104 ののしる 【罵る】 動 ラ行四段活用	① 大声を出す・騒ぐ ② 評判になる

大声を あげてののしる 騒ぐ人

罵る ▶ 大騒ぎしている ▶ 騒がれるほど評判が高い

例文 いといとほしきわざかな。例もかうやなやみ給ふ

(枕草子)

関連語

対おこたる ▶89

訳 とても気の毒なことだなあ。いつもこんなふうにわずらいなさるのか

解説 肉体的に苦しむ場合に用いらることが多い。特に「病気になる」の意味が最も重要。妊娠や出産の苦しみも表す。

例文 うち笑み給へる愛敬、あたりさへににほふ心地して

(狭衣物語)

関連語

類かをる
にほひ

訳 微笑んでおられる愛らしさが、あたりにまで照り映える気分がして

解説 もともと「美しく色づく」という意味。平安時代には「においがする」の意味でも用いられるようになるが、原則は視覚による表現であることに注意。

例文 もののをかしさをぞ、えねんぜさせ給はざりける

(大鏡)

関連語

類しのぶ ▶197
類たふ ▶199

訳 ものごとのおかしさを、こらえることがおできにならなかった

解説 心をひたすらある方向へ向けることを表す。現代語と同じ意味でも使うが、「我慢する」の意味が特に重要。

例文 夜一夜ののしりおこなひ明かすに(枕草子)

訳 一晩中大声で勤行をして夜を明かすと

解説 大声で騒ぐイメージ。補助動詞として「さかんに〜する」の意味もあるが、現代語の「悪口を言う」という意味はほぼ入試で問われないので注意。

105 まぼる・まもる

【守る】動 ラ行四段活用

① 見つめる
② うかがう
③ 大事にする

巣を狙い 見つめる鷹から ひなまもる

守る ▶ 目(ま)守(も)る = 目で守る ▶ 見つめる

---

106 みる

【見る】動 マ行上一段活用

① 見る ② 会う
③ 結婚する
④ 世話をする

みるみると 会い 結婚し お世話する
見ているうちに

見る ▶ なかなか会えない女性の姿を見る

---

107 めづ

【愛づ】動 ダ行下二段活用

① かわいがる
② ほめる

子を愛し 巣でかわいがる オスとめづ
メス

愛づ ▶ 心打たれる ▶ ほめる ▶ かわいがる

---

108 ゐる

【居る】動 ワ行上一段活用

① 座る
② 地位につく
③ 滞在する

大仏が 座ってゐるよ 蓮の上
はす

居る ▶ 一所にじっとしている ▶ 座る ▶ 地位にとどまる

例文 おもてをのみ**まもらせ**給うて物ものたまはず

（大和物語）

訳 顔を見つめなさるばかりでなにもおっしゃらない

関連語

類ながむ ▶ 100
もる

解説 「ま」は「目」の意味で、「まつげ」などと同じ。「目で守る」ことが「まもる」である。現代語の「守る」にあたる古語は、「もる」である。現代語でも「子守り」などという。

例文 いかでこのかぐや姫を得てしがな、**みてしがな**

（竹取物語）

訳 なんとかしてこのかぐや姫を手に入れたいものだ、結婚したいものだ

関連語

類あふ ▶ 82
見す

解説 昔の女性は気を許した男性以外にはそう簡単に顔を見せるものではなかったので、「結婚する」の意味が生まれたと覚えておこう。

例文 蝶（てふ）**めづる**姫君の住み給ふかたはらに（堤中納言物語）

訳 蝶（ちょう）をかわいがる姫君がお住まいになっている隣に

関連語

めづらし ▶ 178

解説 「心から賛美する」ということを表し、現代語の「めでる」にあたる。「めでたし」「めづらし」はどちらも「めづ」から派生した言葉であると言われている。

例文 我**ゐる**べき座に、あたらしき不動尊こそ居（たま）給ひたれ

（宇治拾遺物語）

訳 私が座るはずの座席に、珍しい不動尊が座っておられる

関連語

率る

解説 座ることや、ずっとそのままでいることを表す。現代語の「いる」にあたるのは「あり」「をり」である。「ゐる」と書かれている場合、「率る」と混同しないこと。

109 おほやけ 【公】名	① 帝（みかど）
	② 朝廷・宮中
	③ 公的なこと

おほやけの 行事はすべて 宮中で
公

おほやけ
公 ⟷ 私（わたくし）

110 けしき 【気色】名	① 様子
	② 態度
	③ 機嫌

いいけしき 人の態度も いい兆し

気色 ▶ 顔・表情 ▶ 態度 ▶ 機嫌

111 こころ 【心】名	① 心情・分別
	② 風流心・情趣
	③ 本質・意味

こころとは 心情風流 深いもの

心 のように、奥深いところにあるもの ▶ 情趣 ▶ 本質

112 ことわり 【理】名	① 筋道　② 訳
	③ もっともなこと・道理
	④ 判断

イヤです.. 何で!!

ことわりの わけを筋道 立てて言え
断り

ことわり ▶ 事割り ▶「物事」を「割って中を明らかにする」

例文 **おほやけ**の固めとなりて、天の下をたすくる
（源氏物語）

訳 朝廷の柱石となって、天下の政治を補佐する

関連語

対 わたくし

解説 原義は「大宅」で大きな家のこと。それが皇居を表すようになった。「公」は「帝」や「朝廷・宮中」など公的なものを表すのに対し、「私」は私的なものを表す。

例文 「これらこそあるべきことよ」とて、御**けしき**なほり給ひて（大鏡）

訳 「こうあるべきことだよ」といって、ご機嫌がおなおりになって

関連語

類 けはひ

解説 表面に現れ目で見ることのできる、自然や人間の「様子・態度・機嫌」の意味。文脈によってその使い分けが重要。読みにも注意したい。

例文 むかし、なま**ごころ**ある女ありけり（伊勢物語）

訳 昔、未熟ながら風流心をもっている女がいた

関連語

心の闇
心の鬼

解説 現代語よりもはるかに広い意味で使われる。「意味」という意味もあり、なぞかけの「その心は？」はこの意味である。また非常に多くの語と組み合わされて複合語を作る。

例文 いと本意なきことにおぼしめしける、**ことわり**なりな
（大鏡）

訳 とても残念なことだとお思いになったのは、もっともなことですね

解説 物事を割り切って筋道を立てていくイメージで、「道理」のこと。「ことわりなり」の形で使われ、「当然である・もっともだ」の意味を表す用法が多い。

113 せうそこ（く） 【消息】名	① 手紙 ② 来意を告げること・案内を頼むこと

手紙読み けせうそこそこ 飛んでいく
<u>化粧</u>

せうそこ
消息 ▶ 消 ＝「死」、息 ＝「生」で、人の生死を表す

114 たより 【頼り・便り】名	① よりどころ・縁故・つて ② 便宜・手段 ③ 機会　④手紙

家出人 最後のたよりが よりどころ

たより ▶ 頼れるもの ▶ 縁故／機会・便宜

115 ついで 【序】名	① 順序 ② 機会

酒ついで マイクの順序 待つ親父
　　　　　　　　　　　　　　　　_{おやじ}

ついで
序 ▶ あとを「次いで」順序よくやっていく

116 つとめて 名	① 翌朝 ② 早朝

夜を徹し つとめて帰る 翌朝だ
　　　　　<u>勤め</u>

つとめて ▶ 男女の逢った夜の翌朝などの意
　　　　　_あ

例文 はかなきついでつくり出でて、**せうそこ**などつかはし
たりき(源氏物語)

訳 ちょっとした口実を作り出して、手紙などをお送りに
なっていた

関連語
㊅たより ▶ 114
㊅ふみ ▶ 118

解説 個人の安否や動向、またはそれを知らせる手紙を表
す。「文」は手紙のことだが、「消息」は口頭で伝えるものも含
む。「消息言ひ入る」で「来意を告げる」こと。

例文 女、親なく**たより**なくなるままに(伊勢物語)

訳 女は、親がなく(死んで)よりどころがなくなるにつれ
て

関連語
㊅せうそこ(く)
▶ 113
たづき ▶ 290
たのむ ▶ 98

解説 四段の「頼る」の連用形がもと。「たより」というと「手
紙」をイメージしがちだが、「頼る」からできた語で、あてに
できるもの、よりどころの意。

例文 四季はなほ定まれる**ついで**あり(徒然草)

訳 四季はそれでも決まった順序がある

解説 もともと「次いで」ということ。次にはこれ、その次
はこれ、といったふうに、次々に続いていくイメージ。ま
た、現代語と同じ、「機会・あり」の意味でも使われる。

例文 雨うちふりたる**つとめて**などは、世になう心あるさま
にをかし(枕草子)

訳 雨がちょっと降った翌朝などは、この世にないぐらい
風情がある様子でおもしろい

解説 一日の早朝を指すだけでなく、前日から引き続き迎え
る早朝、つまり翌朝のことも指す。用例としては「翌朝」の
ほうが多い。

117 ⬜ て	文字・筆跡
【手】名	

文字うまい 人のて借りて ラブレター
　　　　　　　手

手 ▶ 「手」を使って書く文字

118 ⬜ ふみ	① 手紙
	② 漢詩・漢籍
【文・書】名	③ 文書

漢籍や 漢詩でふみを したためる
　　　　　　　　文

ふみ ▶ 文字で書いてあるもの ▶ 文書・手紙 ▶ 漢詩

119 ⬜ よ	① 一生涯　② 天皇の治世・御世
	③ 世間・世の中
【世・代】名	④ 男女の仲

一生涯 世間に流され よを送る
　　　　　　　　　　世

よ ▶ 男女の仲はテスト頻出

120 ⬜ いかで	① どうして（疑問・反語）
	② なんとかして（願望）
【如何で】副	

入れ歯して いかでもなんとか 噛み砕く
　　　　　　　イカ

いかで＋推量 ＝どうして〜だろう（疑問・反語）、いかで＋意志・願望 ＝なんとかして〜したい

例文 その花弁にいとをかしげなる女の**て**にて書けり

(大和物語)

訳 その花弁にとても美しい女性の文字で(歌が)書いて
あった

解説 手を使って表されるもののこと。「男手」は漢字、「女手」
は仮名のことを表すが、これは漢文が男性の教養とされ、
女性は漢文を勉強しなかったため。

関連語

男手
女手
まな ▶227

例文 八つ、九つ、十ばかりなどの男児の、声はをさなげに
て**ふみ**よみたる、いとうつくし(枕草子)

訳 八、九、十歳ぐらいの男の子が、幼い声で漢詩を読ん
でいるのは、とてもかわいらしい

解説 文字で書いてあるもののことを表し、手紙だけでなく
書物や漢詩文のことを指す。平安時代に、正当な文字と
いえば漢字だけであり、仮名ではなかった。

関連語

類せうそこ(く)
▶113

例文 としくれてわが**よ**ふけゆく(紫式部日記)

訳 年が暮れて私の一生涯も老けてゆく

解説 区切られた期間や空間のこと。「人の一生・世間」など
のほかに、「男女の仲」の意味で用いられることがあること
に注意。「よのなか」も同じ意味。

関連語

類よのなか

例文 **いかで**人より先に聞かむ(枕草子)

訳 なんとかして人より先に聞きたい

解説 文末が「推量・疑問・反語」のときは①、「意志・願望」
のときは②の意味になる。文末がどちらの形になっている
かで意味を判断する。

関連語

いかに

121 □/□ いつしか	① 早く
【何時しか】副	② いつの間にか
	③ （疑問）いつ〜か

あと残り いつつしかない 早く食え
<u>五つ</u>

<u>何</u>時しか ▶ 何時…か（疑問） ▶ 早く（願望）

---

122 □/□ いと・いとど	「いと」＝とても
副	「いとど」＝いよいよ・ますます・いっそう

いよいよだ かわいいトドが 見られるショー
<u>いとど</u>

いとど ▶ 「いといと」から出来た語

---

123 □/□ うたて	① 嫌だ・不快だ
副	② ひどく

うたっては 音痴にゃ嫌だ 超不快
<u>歌って</u>

「<u>転</u>」が変化した言葉 ▶ 自分の意図しないほうへ事態が「転々」とする

---

124 □/□ え〜（ず）	〜できない（打消）
副	

えの下に ずをつけるのは できないよ
<u>絵</u>　　<u>図</u>

え ＋ 打消 ▶ 否定語を伴う陳述呼応の副詞

例文 **いつしか**その日にならなむと、急ぎ押し歩くも、いと をかしや（枕草子）

訳 早くその日になって欲しいと、急いで押し合いながら 歩く様子も、趣があるなあ

解説 現代語の「いつしか」（いつか）との違いに注意。また、 「いつしか」は願望を伴い、「早く〜したい・〜して欲しい」 の意味で用いることが多い。

例文 野分（の わき）に**いとど**荒れたるここちして（源氏物語）

訳 台風のためにますます荒れ果てた気持ちがして

関連語

類いみじ ▶ 8
類ゆゆし ▶ 54

解説 「いと」を重ねた「いといと」の変化した形で、はなはだ しさがいっそう増すイメージ。また、「いと」は打消を伴い、 「あまり〜ない」と解釈する。

例文 花も散りたる後は**うたて**ぞ見ゆる（枕草子）

訳 花も散った後は見苦しく見える

関連語

類うし ▶ 9
類うとし・うと
　まし ▶ 12
うたた
うたてし

解説 自分の意志に関係なく物事が動いていくさまや、その ことに対する不快感を表す。

例文 忍ぶれど、涙こぼれそめぬれば、折々ごとに**え念じえ ず**（源氏物語）

訳 耐えているが、涙が溢（あふ）れだしたので、ものの折に我慢 できず

解説 下二段動詞「得（う）」の連用形が副詞化したもの。下に打消 （多くは助動詞「ず・じ・まじ」）や反語を伴い、「不可能」の 意味を表す。

125 ☑ おのづから 【自ら】副	① 自然と ② たまたま ③ ひょっとして

おのづから 自然と たまたま ひょっとして！

自ら ▶ もとのまま ▶ 自然と ▶ (理由なく)たまたま

126 ☑ かたみに 【互に】副	お互いに

お互いに かたみにしよう 今日の日を
　　　　　　　形見に

互に (副詞) ≠ 形見 (名詞)

127 ☑ げに 【実に】副	なるほど・本当に

なるほどと 物を知りげに 言う学者

実に ▶ 強めた言葉「げにも」「げにげに」▶ 形容詞は「げにげにし」

128 ☑ さらに〜ず 【更に】副	全く〜ない

全くノー さらにそんなず 悪趣味だ
　　NO　　　皿　　　　　図

まっさら の「さら」と同じ。これ以上新しく(=さら)何かをすることがないということ

例文 物語など求めて見せ給ふに、げに**おのづから**慰み行く
（更級日記）

訳 物語などを見せなさるので、本当に自然と気持ちが慰
められてゆく

類 みづから

解説 三つの意味の使い分けが問われる。また、「自ら」とは
異なり、「自分から」という意味にはならないことに注意。

関連語

例文 同じ所に住む人の、**かたみに**恥ぢかはし（枕草子）

訳 同じ所に住む人で、お互いに遠慮しあい

解説 和文に用いられ、副詞で「お互いに」の意味。漢文訓読
文では「たがひに」が用いられる。名詞の「形見」との違いに
注意。

例文 あな心うや、**げに**身を捨ててや往にけむ（源氏物語）

訳 ああ辛いものだなあ、本当に（魂が）身体を捨てて（離
れて）しまったのだろうか

類 うべ・むべ
▶ 233

関連語

解説 「なるほど・本当に」という意味で、「納得・肯定・感
動」を表す。他の意見や話題について、それが妥当である
と同調すること。

例文 この川、飛鳥川にあらねば、淵瀬**さらに**かはらざりけ
り（土佐日記）

訳 この川は、飛鳥川ではないので、淵と瀬とが全く変わ
らないのだなあ

たえて ▶ 238
つゆ〜なし
▶ 239
をさをさ〜ず

関連語

解説 呼応の副詞の中でももっともよく用いられる語の一
つ。打消の助動詞だけでなく、「なし」のような否定的形容
詞とも呼応する。

| 129 **とみに**

【頓に】副 | 突然に・急に(多くはあとに打消を伴う) |

突然に ひとみに浮かぶ 涙かな
<small>頓に</small>

とみ
頓に ▶ 「頓死(突然死ぬこと)」の「頓」

| 130 **な〜そ**

副 | 〜するな |

な:泣きそ!

な泣きそは 泣いてくれるな 禁止する

な〜そ ▶ 〜するな/ …を〜み ▶ …が〜ので/ え〜ず ▶ 〜できない

| 131 **なぞ・なでふ**

【何ぞ・何でふ】副 | なぜ・どうして |

どうしてと なぞ解く心 好奇心

なぜを表す語 ▶ 「いかに」「いかがは」「などて」「なにか」「なにと」

| 132 **なべて**

【並べて】副 | ① 総じて・普通
② 「なべてならず」=格別だ
③ 「なべての」=平凡な |

テスト前、よなべて 総じて 失敗する
<small>夜</small>

<small>並</small>べて = おしなべて ▶ だいたいにおいて

例文 口をしくて、**とみに**物もいひ出られぬに(夜の寝覚)

訳 残念で、突然には何も言い出せずに

解説 「頓」という漢語がもとになったことば。昔は「ん」はmの音だった。「頓死」などからわかるように、「突然・急に」の意味。「とみの」という形で、連体修飾語になることもある。

例文 なにか射る。**な**射**そ**、**な**射**そ**(大鏡)

訳 どうして射るのだ。射るな、射るな

解説 「な〜そ」の間には動詞の連用形が入るが、「来」「す」はそれぞれ未然形が入り、「なこそ」「なせそ」となる。前者は「勿来の関」という歌枕の掛詞として用いられる。

例文 あな、腹立たし、その言はん人を知るは**なぞ**(蜻蛉日記)

訳 ああ、腹立たしい、その(噂を)言っている人を(あなたが)知っているのはどうして

解説 「なにぞ」が縮まったことばだが、物事をたずねるのではなく、理由や手段をたずねる。現代語の「謎」が、「何」よりは「どうして」の意であることからもわかる。

関連語

類など

例文 **なべて**世人もいとあたらしき事に思ひきこえけり

(増鏡)

訳 総じて世の中の人もとても残念なことだと思い申し上げた

解説 全部ならべて、のイメージ。「おしなべて」も同じ意味。「なべての」の形で連体修飾語になることもある。「なべてならず」は「並々でない」の意味。

関連語

類おしなべて

133 やがて 【軈て】副	① そのまま ② すぐに ③ つまり・すなわち

社長の座 やがて<u>そのまま</u> 息子継ぐ

軈て ▶ 連続的で間隔がない ▶ すぐに・そのまま

134 おはす 【御座す】敬 尊・動・サ行変格活用	① いらっしゃる(「あり」「来」「行く」 の尊敬語) ② 〜なさる(補助動詞)

大仏は おはすの上に いらっしゃる
大蓮

存在 のいらっしゃる　来る・行く のいらっしゃる

135 おほす 【仰す】敬 尊・動・サ行下二段活用	① おっしゃる(「言ふ」の尊敬語) ② 命じる

食事量 おほすぎ<u>命ず</u> ダイエット
多すぎ

仰す ▶ 敬意が強い尊敬語「仰せらる」=「仰す」(尊敬)+「らる」(尊敬)

136 おぼす 【思す】敬 尊・動・サ行四段活用	お思いになる(「思ふ」の尊敬語)

おぼすは 子分をいつも 思われる
大ボス

思す ▶ 敬意が強い尊敬語「思し召す」=「思し」(尊敬)+「召す」(尊敬)

例文 筆にも書き止めぬれば、**やがて**定まりぬ(徒然草)

訳 筆で書きとめてしまうと、それがそのまま事実として
定まってしまう

解説 前の状態と後の状態の間にあまり違いがないイメージ。平安時代の「やがて」には、現代語のような「そのうちに」といった意味はないことに注意。

📖 関連語

類すなはち
類ただ

例文 通ひたまふわかうどほり腹の君とて、母もなき御女(み むすめ)**お
はす**(落窪物語)

訳 (父君が)通いなさった皇族を母に持つ姫君で、母もい
ない娘がいらっしゃる

解説 本動詞のとき、「あり」(存在)の尊敬の意味で「いらっしゃる」か、「来る」「行く」の尊敬の意味で「いらっしゃる」なのかに注意する。

📖 関連語

類あり ▶191
類をり

例文 かまへて、まろが面(おもて)起こすばかり、よき歌つかうまつ
れよと**おほせ**らるるに(増鏡)

訳 必ずや、私の面目が立つほどの、良い歌をお詠(よ)みせよ
とおっしゃって

解説 「言ふ」の尊敬語。「仰せらる」は、尊敬の動詞「仰す」+
尊敬の助動詞「らる」。特に目上の人が主語のとき用いられ
る。(二重尊敬)

📖 関連語

類のたまふ
▶145

例文 見し心地する木立かなと**おぼす**(源氏物語)

訳 かつて見たような気がする木立だなあとお思いになる

解説 「思ふ」の尊敬語。「思し召す」は、尊敬の動詞「思し」+
尊敬の動詞「召す」。特に目上の人が主語のとき用いられ
る。(二重尊敬)

📖 関連語

類おぼしめす

137 ☑ おほとのごもる	お休みになる
【大殿籠る】 敬 尊・動・ラ行四段活用	(「寝(ぬ)」の尊敬語)

おほとのが こもり寝床で お休みになる
大殿

大殿籠る ▶ 「大殿」にこもる ▶ 寝る

---

138 ☑ きこしめす	① お聞きになる(「聞く」の尊敬語)
【聞こし召す】 敬 尊・動・サ行四段活用	② 召し上がる(「食ふ」「飲む」の尊敬語)

きこしめす 聞く、食ふ、飲むの 尊敬語

聞こし召す ▶ 「聞く」・「食ふ」・「飲む」の尊敬語

---

139 ☑ きこゆ	① 申し上げる(「言ふ」の謙譲語)
【聞こゆ】 敬 謙・動・ヤ行下二段活用	② ～申し上げる(補助動詞)

きこゆとは 言ふの謙譲 申し上げ

聞こゆ ▶ 「言ふ」の謙譲語=申し上げる 謙譲語にならない場合=噂や評判が聞こえる

---

140 そうす	① 天皇に申し上げる(「言ふ」の謙譲語)
【奏す】 敬 謙・動・サ行変格活用	② 非敬語 ▶ 演奏する

天皇に 申し上げるか そうするか
もう昼飯時だ…

奏す ▶ 天皇に申し上げる 啓す ▶ 皇后・皇太子に申し上げる

例文 いとあやしく、さまで**おほとのごもり**入りたりとは、
見えさせたまはぬに(大鏡)

訳 とても不思議で、それほどお休みになっているとは、
お見えにならないのに

解説 「寝る」の意味の尊敬語。「大殿」(お屋敷)に「籠る」イ
メージ。尊敬語としての敬意は強く、特に目上の人物を主
語にとる。

関連語

おほとなぶら

例文 世に広ごりておほやけまで**きこしめして**(宇治拾遺物語)

訳 (応天門放火の噂が)世間に広がって帝までお聞きに
なって

解説 「聞く」の尊敬語か「食ふ」の尊敬語かに注意が必要。
「(食べ物や飲み物を)聞こし召す」というとき、「召し上が
る」の意味になる。

関連語

類 きこす

例文 つれなき人にいかで心もかけ**きこえじ**(源氏物語)

訳 冷淡な人(光源氏)をけっしてお慕い申し上げたくない

解説 高貴な人の耳に入れるという意味で、「言ふ」の謙譲語。
ただし、「噂や評判が聞こえる」の意味になるときは謙譲語
にならない。

関連語

類 きこえさす
類 まうす ▶ 147
おぼゆ ▶ 92
みゆ ▶ 207

例文 よきに**そうし**給へ、啓し給へ(枕草子)

訳 よろしく天皇に申し上げてください、皇后に申し上げ
てください

解説 「奏す」は、相手が天皇と院と決まっており、「啓す」は
相手が天皇の次に位置する人と決まっている(絶対敬語)。
音楽関連の文章では「演奏する」の意味になることに注意。

関連語

けいす

141 たてまつる	① 差し上げる（「与ふ」の謙譲語） ② 〜し申し上げる（補助動詞） ③ お召しになる（「着る・飲む・食ふ」の尊敬語）
【奉る】 敬 尊/謙・動・ラ行四段活用	

たてまつる 尊めされても 謙譲す

損　　　　　　　献上

奉る ▶ （謙譲語）「与ふ」・（尊敬語）「着る・乗る・飲む・食ふ」

---

142 たまはる	いただく・頂戴する（「受く・もらふ」の謙譲語）
【給(は)る・賜(は)る】 敬 謙・動・ラ行四段活用	

晩酌を 頂戴すると したまはる

舌回る

たまはる ▶ いただく、謙譲語であることに注意！

---

143 たまふ	① お与えになる（「与ふ」の尊敬語） ② 〜なさる（尊敬の補助動詞） ③ 〜ます（謙譲の補助動詞）
【給ふ・賜ふ】 敬 尊・動・ハ行四段活用/謙・動・ハ行下二段活用	

たまふとは 四段でなさる 下二ます

たまふ ▶ （四段）尊敬語・（下二段）謙譲語

---

144 つかうまつる	① お仕えする・して差し上げる（「仕ふ・す」の謙譲語） ② お〜申し上げる（補助動詞）
【仕う奉る】 敬 謙・動・ラ行四段活用	

つかうまつる お仕え申し上げる の意

仕う奉る ▶ 「仕ふ」をよりおおげさにしたイメージ

例文 さまざまに恐ろしげなる虫どもを取り集めて**たてまつる**
(堤中納言物語)

訳 さまざまにおそろしげな虫などを集めて献上する

関連語 たてまつらす

解説 謙譲語の用法が非常に多いが、尊敬語としても用いられることに注意。この場合、最高敬語として「お召しになる」「召し上がる」の意味。

例文 司召のころ、この宮の人は**たまはる**べき官も得ず
(源氏物語)

訳 司召しのころ、この宮の人は頂戴してよいはずの官職も得られず

解説 尊敬語の「給ふ」の未然形に受身の「る」がついてできたものだが、「もらう人」を主語として、「与える人」に敬意を表す謙譲語であることに注意。

例文 おくり物ども、しなじなに**たまふ**(紫式部日記)

訳 贈り物を、身分に合わせてお与えになる

関連語 たまはす

解説 四段の用法が多いが、下二段の場合も重要。下二段の補助動詞「たまふ」は、会話や手紙の中で自分を主語として用いられ、終止形では用いられない。つく動詞も、「思ふ」「聞く」などに限られている。

例文 むかし、二条の后に**つかうまつる**をとこありけり
(伊勢物語)

訳 昔、二条の后にお仕えする男がいた

解説 「仕へ奉る」から変化したもの。さらに変化すると、時代劇などの「つかまつる」になる。「使う」とは関係がなく、「仕ふ」「す」の謙譲語である。

145 のたまふ	おっしゃる(「言ふ」の尊敬語)
【宣ふ】 敬 尊・動・ハ行四段活用	

のたまふは 言ふの尊敬 おっしゃるだ

宣ふ ▶ 「のり(宣り)」+「たまふ」=のりたまふ

146 はべり・さうらふ	① お仕えする(「あり・をり」の謙譲語)
	② あります(丁寧語)
	③ です・ます(補助動詞)
【侍り・候ふ】 敬 謙・動・ラ行変格活用(はべり)／ハ行四段活用(さうらふ)	

はべりとは あります おります 仕えます

侍り・候ふ ▶ (謙譲語)お仕えする (丁寧語)あります・おります・ございます

147 まうす	① 申し上げる(「言ふ」の謙譲語)
	② 〜し申し上げる(補助動詞)
【申す】 敬 謙・動・サ行四段活用	

マウス来て マウスマウスと 申し上げ
ねずみ

申す ▶ 「言ふ」の謙譲語だが、丁寧語に近い用法もある

148 まうづ	参上する・お伺いする(「行く」の謙譲語)
【参づ・詣づ】 敬 謙・動・ダ行下二段活用	

まうづっと あなたの参上するを 待つ
もう　ず

参づ・詣づ ▶ 卑所から貴所へ行くこと

例文 などかう**のたまふ**らむ（堤中納言物語）

関連語

おほす　▶ 135
のたまはす

訳 どうしてこのようにおっしゃるのでしょうか

解説 「のる（告る・宣る）」の連用形「のり」に、尊敬の補助動詞「たまふ」がついた「のりたまふ」が変化したもの。

例文 その御時に、いとおもしろき事どもおほく**はべりき**や
（大鏡）

訳 その帝の御代に、とても心ひかれることなどがたくさんございましたよ

解説 「はべり」を補助動詞として用いるときは、必ず丁寧語であることに注意。「候ふ」と同じ意味だが、より女性的である。中世以降は「候ふ」に取って代わられた。

例文 山階寺の別当になりてよろこび**まうす**日（枕草子）

関連語

類きこゆ ▶ 139

訳 山階寺の別当になってお礼を申し上げる日

解説 謙譲語として最も一般的な語だが、中世以後、敬意の対象を特定しないで、丁寧語のような用法が多く用いられるようになった。

例文 ここに侍りながら、御とぶらひにも**まうで**ざりけるに
（源氏物語）

関連語

類まゐる ▶ 151

訳 ここにいながら、お見舞いにも参上しなかったのに

解説 「まゐる」と同じで、格の低いところから格の高いところへ移動すること。格の高いところやそこにいる貴人への敬意を表す。尊敬語の用法はない。

149 まかる	退出する・おいとまする(「行く」の謙譲語)

【罷る】 敬 謙・動・ラ行四段活用

糸車 まかづ 退出する きさき
　　　　 ず　 ＿＿＿＿＿　 妃

罷る ≒ まかづ ▶ 貴所から卑所へ行くこと

---

150 まゐらす	① 差し上げる(「与ふ」の謙譲語) ② ～して差し上げる(補助動詞)

【参らす】 敬 謙・動・サ行下二段活用

似顔絵を ま、イラストをと 差し上げる
　　　　　　参らす

参らす ▶「与ふ」の謙譲語としてしか使わない

---

151 まゐる	① 参上する(「行く」の謙譲語) ② 参内する　③ 参詣する ④ 差し上げる・召し上がる(「食ふ・飲む」の尊敬語)

【参る】 敬 謙・動・ラ行四段活用

水をやり 行ったり来たり 墓まゐる

参る ≒ まうづ ▶ 卑所から貴所へ行くこと

---

152 めす	① お呼びになる ② お取り寄せになる ③ お召しになる(「呼ぶ・招く・食ふ・飲む・着る」の尊敬語)

【召す】 敬 謙・動・サ行四段活用

めすの意は 呼ぶ取り寄すの 尊敬語
　　　　　召す

召す ▶ 召し上がる・お召しになる

例文 憶良らはいまは**まからむ**子泣くらむ（万葉集）

関連語

類まかづ

訳 私、憶良は、もう退出しましょう。子供が泣いて（待って）いるでしょうから

解説 「まうづ」「まゐる」の対義語で、格の高い所から格の低いところへ移動すること。どれも格の高い所とそこにいる人への敬意を表す謙譲語である。

例文 つとめて、いととく、少納言の命婦といふが、御文**まゐらせ**たるに（枕草子）

訳 翌朝、とても早く、少納言の命婦という者が、お手紙を差し上げたところ

解説 「参る」から派生した語だが、「与ふ」の謙譲語の意味でしか使わないことに注意が必要である。「参上させる」のような意味にはならない。

例文 とく来、といひやりたるに、今宵はえ**まゐる**まじ、とて返しおせたるは（枕草子）

関連語

類まうづ ▶ 148

訳 早く来なさい、と言ってやったのに、今夜は参上できまい、と返事をよこしたのは

解説 格の低いところから格の高いところへ移動すること。「まうづ」と同じだが、「飲む」「食ふ」の尊敬語の用法があることに注意。

例文 后の宮より菊**めし**ければ、たてまつりけるついでに（大和物語）

訳 后の宮から菊をお取り寄せになったので、献上した機会に

解説 「呼ぶ」「取り寄す」の尊敬語。「召し上がる」の意味ももちろんあり、これが「飯」の語源となった。現代よりも少し幅広い意味で使われる。

☑① 御かたち、心ばへ、□□めづらしきまで ➡お顔立ち、性格が、めったにないほどすばらしく	① ありがたく
☑② 火などいそぎおこして、炭もてわたるもいと□□ ➡火などを急いでおこして、炭を持って移動するのも(冬に合っていて)好ましい	② つきづきし
☑③ ただひとつふたつなど、ほのかにうちひかりて行くも□□ ➡(蛍が)ただ一つ二つなど、ぼんやりと光って(飛んで)行くのも風情がある	③ をかし
☑④ 世界の男、□□もいやしきも ➡世の中の男は、高貴な者も身分の低いものも	④ あてなる
☑⑤ □□ままにひぐらしすずりに向ひて ➡退屈なのにまかせて一日中硯に向かって	⑤ つれづれなる
☑⑥ 菊の花の□□るを折りて ➡菊の花の色があせたものを折って	⑥ うつろへ
☑⑦ いかでこのかぐや姫を得てしがな、□□てしがな ➡なんとかしてこのかぐや姫を手に入れたい、結婚したい	⑦ み
☑⑧ はかなきついでつくり出でて、□□などつかはしたりき ➡ちょっとした口実を作り出して、手紙などをお送りになっていた	⑧ せうそこ
☑⑨ 野分に□□荒れたるここちして ➡台風のためにますます荒れ果てた気持がして	⑨ いとど
☑⑩ 忍ぶれど、涙こぼれそめぬれば、折々ごとに□□念じえ□□ ➡耐えているが、涙が溢れだしたので、ものの折に我慢できず	⑩ え・ず
☑⑪ いとあやしく、さまで□□入りたりとは、見えさせたまはぬに ➡とても不思議で、それほどお休みになっているとは、お見えにならないのに	⑪ おほとの ごもり
☑⑫ などかう□□らむ ➡どうしてこのようにおっしゃるのでしょうか	⑫ のたまふ
☑⑬ 憶良らはいまは□□らむ子泣くらむ ➡私、憶良は、もう退出しましょう。子供が泣いて(待って)いるでしょうから	⑬ まか

Rank

B

どうしても…

153 □ **あたらし**	惜しい・もったいない
【惜し】 形 シク活用	

あたらしや 服を汚して もったいない

惜し ▶ 美しく優れたものを惜しむこと ≠「新たし」

154 □ **あなづらはし**	軽蔑してよい・尊敬するに足りない
【侮らはし】 形 シク活用	

あの面は 侮るなかれ イケメンだ!
あなづらは

侮らはし ▶ 「侮」の漢字から連想できる意味

155 □ **あやなし**	① 道理に合わない・筋が通らない・ 訳が分からない ② つまらない
【文無し】 形 ク活用	

里帰り ばあやなしとは つまらない
婆

文 ▶ ものごとの筋目 = 道理

156 □ **いとけなし・ いはけなし**	① 幼い・子供っぽい ② あどけない
【幼けなし・稚けなし】 形 ク活用	

あどけない 子供のイタズラ いはけなし
言い訳

幼けなし・稚けなし ▶ 「幼・稚」から幼い・あどけないの意味

例文 若くて失せたまひにし、いとほしく、**あたらし**（大鏡）

訳 若くてお亡くなりになったことは、気の毒で、惜しい

解説 漢字表記は「惜し」で、優れたもの、すばらしいものを惜しむ気持ちを表す。「新たし（＝新しい）」との混同に注意すること。

関連語
類 をし・くちをし ▶ 21

例文 えせ幸ひなど見てゐたらん人はいぶせく、**あなづらはしく**（枕草子）

訳 見せかけの幸福などを夢見ているような人はうっとうしく、**軽蔑するべきで**

解説 動詞「侮る」の形容詞化したもの。ゆえに、現代語の「侮る（＝軽蔑する・見下げる）」につながる意味を考える。

関連語
侮る

例文 春の夜の闇は**あやなし**（古今和歌集）

訳 春の夜の闇は、訳が分からない

解説 「文」とはものごとの筋目、つまり「道理」のこと。「道理に合わない」ことだから、「どうしようもない・無意味でつまらない」という意味になる。

関連語
類 あいなし ▶ 1
類 あぢきなし ▶ 3
類 わりなし ▶ 58

例文 主上は今年三歳、いまだ**いとけなう**ましましければ（平家物語）

訳 帝は今年三歳で、まだ幼くいらっしゃるので

解説 「幼きなし」に同じ。どちらも、年少の意味で使われることが多い。「稚けなし」はどちらかというと、物心がつかず頼りない様子を表す。

関連語
をさなし

157 いぶせし	① 気が晴れない
	② うっとうしい・不快だ
形 ク活用	

不始末で たいぶせし君 気が晴れず
退部

いぶせし ▶ 煙で燻された不快感 ▶ 気が晴れない感じ

158 いまめかし	① 今風だ・華やかだ
	② 浮ついている
【今めかし】形 シク活用	

いまめかし 古めかしの逆 現代風
今

今めかし ▶ 今風 ▶ (プラス)華やか ▶ (マイナス)浮ついている

| 159 うしろやすし | 安心だ・頼もしい・心強い |
| 【後ろ安し】形 ク活用 | |

バックミラー 後ろ見やすし 安心だ
後ろ安し

後ろ安し ▶ 後ろが安らかである ⟷ 後ろめたし

160 おほけなし	① 身分不相応だ・厚かましい
	② 恐れ多い
形 ク活用	

OKなし! 身分違いの 恋ならば
おほけなし

おほけなし＝身分不相応だ ⟷ ほどほど＝身分相応だ

例文 **いぶせく**もあるか、妹に会はずして（万葉集）

訳 気が晴れないことだよ、いとしいあなたに会わないで

解説 「煙で燻されるような不快感」、つまり「すっきりしない気分」を表す。「煙」に燻され「心が晴れない」イメージの言葉。

📖 関連語

🟣 いぶかし

例文 なかなか長きよりも、こよなう、**いまめかしきものか**な（源氏物語）

訳 かえって長い髪よりも、この上なく、今風な髪だなあ

解説 「今風だ・当世風だ」の意味だが、やや否定的に「現代風の軽々しさ・浮ついている」もニュアンスとして含まれる。

例文 はべらずなりなむ後も、**うしろやすかる**べきによりなむ（源氏物語）

訳 （私が）亡くなりました後も、**安心できる**ことからそう思うのです

解説 「今後も安心できる感じ」が語のイメージ。よって「安心だ・感じが良い」の意味である。「後ろめたし」は対義語。

📖 関連語

🟠 うしろめたし
▶ 10

例文 わが心ながらも**おほけなく**、いかで立ちいでしにかと
（枕草子）

訳 自分ながらも厚かましく、どうして出仕したのであろうかと

解説 「自分のあるべき限度を越しているさま」を表す。ゆえに「身分不相応」の意味である。対義語「ほどほど」とあわせて押さえたい。

📖 関連語

🟠 ほどほど

161 かたし 【難し】 形 ク活用	① 難しい ② めったにない

合格の かたき誓いは 難しい

難し ≒「有り難し」 ⟷ 「易し」

162 かひなし 【甲斐無し】 形 ク活用	① 効果が無い・無駄だ ② どうしようもない

説教も かひなし 無駄だ 効果無し

甲斐 ▶ ききめ(効)

163 くまなし 【隈無し】 形 ク活用	① 曇りがない・陰がない ② 何でも知っている

猟師なし どこにもくまなし 陰もなし

隈＝陰の意味 ⟷ 影＝光・姿

164 けし 【異し・怪し】 形 シク活用	① 異様だ・変だ・怪しい ② 普通ではない

けしの実は 怪しい魔力を もっている

けし＝普通と異なり、怪しい

例文 うち出でむこと、**かたくや**ありけむ（伊勢物語）

訳 口に出すことが、難しかったのであろうか

関連語
題 ありがたし ▶ 6
対 やすし

解説 「硬い・堅い・固い」の意味ではなく、「難しい」の意味。漢字表記から意味を覚える。対義語は「やすし」。類義語は「ありがたし」。

例文 かくわびしきめを見るらむと、思へど**かひなし**（大和物語）

訳 （どうして）このようにつらい目を見るのだろうかと、思うがどうしようもない

解説 「甲斐」は「効き目」の意味。「甲斐無し」は「何をしても甲斐が無いこと」であり、「効果が無い・無駄だ・どうしようもない」の意味になる。

例文 月は**くまなき**をのみ見るものかは（徒然草）

訳 月は曇りがないものだけを見るものであろうか、いやそんなものではない

関連語
かげ ▶ 216

解説 「陰」の意味で、「隈無し」で「陰がない」の意味。人について用いると、「行き届かぬところがない➡何でも知っている」の意味にもなる。

例文 内裏にはいつしか**けしかる**ものなど住みつきて（増鏡）

訳 宮中にはいつの頃からか異様なもの（物の怪）などが住み着いて

関連語
題 けしからず
対 けしうはあらず

解説 類義語として「異しからず（＝良くない・異様だ）」と「異しうはあらず（＝悪くはない）」がある。「異しからず」は打消の「ず」が付くが、むしろ「けし」の意味を強めることに注意。

089

165 こころうし	① 情けない
【心憂し】 形 ク活用	② いやだ

思いやる こころうしない 情けない

心憂し＝心が 憂いこと。「憂し」とほぼ同じ意味

166 ずちなし	どうしようもない・なすすべがない
【術無し】 形 ク活用	

どうしようもない うちでのこづち なくしては

小づち

術無し ▶ どんな術も効かない ▶ どうしようもない

167 せむ（ん）かたなし	どうしようもない・なすすべがない
【為む（ん）方無し】 形 ク活用	

しかたなし せむかたなしで なすすべなし

為む（ん）方無し ▶ しようにも方法がない

168 つつまし	① 気が引ける・遠慮される
【慎まし】 形 ク活用	② 恥ずかしい

遠慮して 心つつまし 気が引けて

慎まし ▶ つい「包み隠して」しまいたくなる ▶ 遠慮される

例文 御文をだにたてまつりたまはぬ、**こころうきこと**
（大和物語）

訳 お手紙をさえさしあげなさらないのは、情けないこと
です

関連語

類 うし
▶ 9

解説 「うし」が主観的なつらい気持ちを表すのに対して、「こ
ころうし」はやや客観的に、つらい状態にある自らが情け
なく、いやになる気持ちを表す。

例文 年ごろ持ちて候ふ物をゆゑなく召され候はば、**ずちな
きことに候ひなん**（宇治拾遺物語）

訳 長年持っておりますものを訳もなく取りあげられまし
たら、どうしようもないことでございましょう

関連語

類 せむ（ん）かた
なし ▶167

解説 どうにも手段がなくて困ってしまうイメージ。「ずつな
し」ともいう。「ずち」はもともと「術」という漢語で、「ずちな
し」も男性がよく使う。

例文 さらに**せむかたなく**、わびしきことの、世のつねの人
にはまさりたり（蜻蛉日記）

訳 （母が死んで）まったくどうしようもなく、つらいこと
といったら、普通の人以上であった

関連語

類 ずちなし
▶166

解説 「取るべき手段がない」ということ。「せむかた」とは、
サ変動詞「す」未然形と、婉曲の助動詞「む」、「方法」を意味
する名詞「かた」があわさったもの。

例文 恥づかしう物の**つつましき**ままに、忍びてうち泣かれ
つつ（更級日記）

訳 恥ずかしくて気が引けるので、こっそりと泣いてし
まっては

解説 包み隠したくなってしまうイメージ。動詞「包む」を語
源とする。現代語のように、「質素だ」の意味はなく、「はづ
かし」と違って良い意味では使わない。

169 □ **つらし** 【辛し】 形 ク活用	① 薄情だ・冷淡だ ② つらい・苦痛だ

ねつらしい 子供残して 薄情だ
　　熱

辛し ▶「辛く」なるほど相手の態度が薄情だ

170 □ **なめし** 形 ク活用	失礼だ・無礼だ

招かれて 粗末なめしとは 失礼だ
　　　　　　飯

なめし ▶ なめている ▶ 失礼だ

171 □ **になし** 【二無し】 形 ク活用	比べるものがない・最上だ・すばらしい

宝物 他になしゆえ 最上だ
　　　　二無し

二無し ▶ 二つと無い ▶ すばらしい

172 □ **ねたし** 【妬し】 形 ク活用	① しゃくにさわる・ねたましい ② くやしい・残念だ

くやしいな 夢の途中だ まだねたし
　　　　　　　　　　　　寝

妬し ▶ ねたんでしまう ▶ くやしい

品詞

形容詞

形容動詞

動詞

名詞

その他

敬語

例文 かの人も、今一たび見ず**つらし**とや思はむ
（源氏物語）

訳 あの人も、もう一度会わなければ薄情だと思うだろうか

解説 自分の外側に原因があって耐えがたいと思うことを表す。他人について用いるときは「冷淡だ」、自分について用いるときは「つらい」の意味になる。

関連語

類 つれなし
▶ 35

例文 おほかたさし向ひても**なめき**は、などかくいふらんとかたはらいたし（枕草子）

訳 だいたい面と向かっても**失礼な**者は、どうしてこのように言うのだろうと苦々しい

解説 相手をなめていて失礼な態度を取るイメージ。ただし、「なめている」という現代語とは関係ない。形容動詞「なめげなり」も同じ意味である。

関連語

類 こちなし
▶ 259
類 なめげなり

例文 御車は**になく**作りたれども、所せしとて御馬にて出で給ふ（源氏物語）

訳 お車はすばらしく立派に作ってあるが、窮屈だと言ってお馬で出かけなさる

解説 「双無し」と同じで、二つと無いほどすばらしいことを表す。連用形ウ音便の「になう」は、動詞「担ふ」と間違えやすいので注意。

関連語

類 さうなし
▶ 27

例文 わるしといはれては、なかなか**ねたかる**べし（枕草子）

訳 よくないと言われては、かえって**くやしい**だろう

解説 相手が優れていてねたましいイメージ。ずっと根に持つような深刻な感情ではなく、その場面で一時的に感じるような軽い腹立たしさを表す。

関連語

類 くやし

173 ひがひがし	ひねくれている
【僻僻し】 形 シク活用	

ひねくれて 人が西向きゃ ひがひがし

僻僻し ▶ どこかねじれている ▶ ひねくれている

174 ひとわろし	体裁が悪い・みっともない
【人悪し】 形 ク活用	

みっともない 体裁悪い ひとわろし

人悪し ▶ 人が見たら悪いと思う ▶ みっともない

175 ほいなし	思い通りでない・残念だ
【本意無し】 形 ク活用	

残念だ もらったマツタケ にほいなし

本意無し ▶ 本意が実現しない ▶ 残念だ

176 またし	① 完全だ
	② 無事だ
【全し】 形 ク活用	

またしっぱい 完全だとは 言えないよ

全し ▶ のちに「まったし」 ≠ 未だし

例文 かうまめやかにのたまふに、聞き入れざらんも**ひがひがしかるべし**(源氏物語)

訳 このように誠実におっしゃるのに、聞き入れないとしたらひねくれているだろう

関連語

ひが事
ひが耳
ひが目

解説 「偏っている・間違っている」の意味の「ひが」が形容詞になったもの。特に、「ひねくれている」の意味で用いる。

例文 烏帽子のさまなどぞ、すこし**ひとわろき**(枕草子)

訳 烏帽子の様子などは、すこしみっともない

関連語

類 はしたなし
▶ 42
類 まさなし
▶ 45

解説 「人が見ると、きっと悪いと思うぐらいみっともない」という意味。自分以外のことについても使われる。「性格が悪い・意地悪だ」の意味はない。

例文 人の語り出でたる歌物語の、歌のわろきこそ**ほいなけれ**(徒然草)

訳 人の語り出した歌物語で、歌のよくないものは残念だ

関連語

本意

解説 目的が果たせなくて不本意だ、というイメージ。「本意」は「本来の目的」の意味で、「仏道修行」を指すことが多いが、「本意なし」には仏道関係の意味はない。

例文 門のわきなどくづれやあると見けれど、いみじく築地などまたきに(堤中納言物語)

訳 門の脇などに崩れたところはないかと見てみたが、築地などはとても完全で

解説 まったく欠けたところがないイメージ。現代でも「全く」として残っているが、古語では「命が無事だ」のような意味もあり、より広い意味で使われた。

177 まだし	① 時期ではない・まだ早い
【未だし】形 シク活用	② 未熟だ

こんなこと まだしらぬとは 未熟だよ

未だし ▶ 「いまだし」の変形したもの

178 めづらし	① すばらしい・好ましい
【珍し】形 シク活用	② 目新しい・めったにない

めづらしく 目新しいもの 好きな母

珍し ▶ 目新しいものを見てすばらしく思う

179 よしなし	① 理由がない
	② 手段や方法がない ③ 関係ない
【由無し】形 ク活用	④ 無駄だ ⑤ つまらない

お遊びも 仲良しなしじゃ つまらない
由無し

由無し ▶ 特に理由もなさそうでつまらない

180 らうらうじ	上品だ・行き届いている
【労労じ】形 シク活用	

らうらうと 苦労語るも 上品だ
朗々

労労じ ▶ 苦労したおかげで隅々まで気がつく

|例文| **まだしき**程は、万葉集見たる折は百首の歌なかばは万
葉集の歌詠まれ(後鳥羽院御口伝)

|訳| 未熟な間は、万葉集を見たときには百首の半分は万葉
集風の歌を詠んでしまい

|関連語|

まだき

|解説| 「まだ早い」という意味。「まだし」はシク活用なので連
体形は「まだしき」となる。関連語に副詞「まだき」があるが
ある。

|例文| 格子などもなく、めぐりて御簾ばかりをぞかけたる、
なかなか**めづらしくて**(枕草子)

|訳| 格子などもなく、ぐるっと御簾だけを吊ってあるの
が、かえって目新しくて

|関連語|

類 めでたし
▶ 48

類 めづ ▶ 107

|解説| 目新しい物を見て、つい賛美したくなってしまう心の
状態を表す。「めづ(=賞賛する)」から生まれた語。単に物
珍しさだけを表すのではないことに注意。

|例文| **よしなき**事よりは、まめやかなる事を申しはてん
(大鏡)

|訳| つまらないことよりは、まじめな話を最後まで申し上
げましょう

|関連語|

よし

|解説| 「よし」は「ゆゑ」の類義語で、「理由・由緒」ということ。
そこから「風情」の意味が生まれた。「旨・~ということ」の
意味のときには、前に連体修飾語があるのが普通。

|例文| 心ばへもいと**らうらうじう**、思ひやりふかく
(浜松中納言物語)

|訳| 人柄もとても上品で、思いやりが深く

|解説| あれこれと心をわずらわせるほど細かいところまで配
慮が行き届いていることを表す。平安時代中後期に、女性
や子供に対してよく使われた。

181 わづらはし	① やっかいだ
【煩はし】 形 シク活用	② はばかられる
	③ 病気が重い

やっかいな 書類提出 わづらはし

煩はし ▶ たくさんありすぎてめんどうくさい

182 をさをさし	大人びている・しっかりしている
【長長し】 形 シク活用	

をっさんをさし しっかりしてる 年の功

長長し ▶ 人の上に立てるほどしっかりしている

183 かりそめなり	① 一時的だ・間に合わせだ
【仮初なり】 形動 ナリ活用	②「かりそめに」=ついちょっと

ついちょっと かりそめの恋 間に合わせ

仮初なり ▶ 一時的な仮のもの

184 きよげなり	① 清楚で美しい
【清げなり】 形動 ナリ活用	② 清潔だ

きよげなり 清楚で清潔 美しい

清げなり = 清楚で美しい ≒「清らなり」= 華やかで美しい

例文 をのづから聞きしり給ふこともあらば、**わづらはしき**
ことさへそへて思ひ給ふるを(夜の寝覚)

訳 万一聞き及びなさることでもあったら、やっかいなこ
とまで加わるように存じますが

解説 いろいろ複雑で、わずらわしいイメージ。自分の内外
にめんどうなことがあって、悩まされる様子を表す。

例文 されど若ければ、文も**をさをさしから**ず、ことばもい
ひ知らず(伊勢物語)

訳 しかしながら若いので、手紙もしっかり書けず、言葉
もうまく使えない

関連語

類 おとなし
▶ 14

解説 「長長し」の「をさ」とは、人のリーダーとなれるような
資質のことで、「長長し」は、リーダーとなれるぐらい精神
的に成長していてしっかりしていること。

例文 **かりそめなれ**どあてはかに住まひなしたまへり
(源氏物語)

訳 間に合わせ(のお住まい)だが優美にお住まいになって
いた

関連語

類 あからさまなり
▶ 60

解説 重要ではない「一時的な仮のもの」を表す。「かりそめ
に」(連用形)で「ついちょっと」の意味。「わずかの時間」を意
味する「あからさま」との違いに注意。

例文 ほそやかに**きよげなる**君達の直衣姿(枕草子)

訳 ほっそりとして綺麗な貴公子の直衣姿

関連語

類 きよらなり

解説 「さっぱりとした、きちんとした美しさ」を表し、「清
楚・清潔」の意味。「清らなり」は「華麗な美しさ」を表す。形
容詞「きよし」から出た言葉。

185 ☐ ことなり	① ほかと違っている
【異なり・殊なり】 形動 ナリ活用	② 格別である

ほかのこと まったく違う 立派な子
子

異(こと)なり ▶ 「異(こと)」だけでも名詞として使うことに注意

---

186 ☐ こまやかなり	① 細かい・詳しい
	② 優美だ・上品だ
【細やかなり・濃やかなり】 形動 ナリ活用	③ 濃い

こまやかな 気遣い 優美だ 上品だ

こまやかなり ▶ 配慮が細かいところまで行き届いている ▶ 上品だ

---

187 ☐ たまさかなり	① 思いがけない
	② めったにない・まれだ
【偶なり】 形動 ナリ活用	③ 「たまさかに(も)」＝万一・もしも

驚いた まさかまさかで 思いもかけず

偶(たまさか)なり ▶ 「たま」はたまたまの意味

---

188 ☐ をこなり	ばかげている・愚かだ
【痴なり】 形動 ナリ活用	

ヲコだよと 大声上げるは 愚かなり
痴

痴(をこ)なり ▶ ばかげている

例文 大殿の頭中将。かたち、用意、人には**ことなる**を

(源氏物語)

訳 大殿の頭中将という人。容貌も、心遣いも、人とは
違っているが

解説 「ほかと違っている」の意味。「異なる」という動詞もあ
るが、「〜に異ならず」の形で使われるのが普通。「言」や「事」
との区別をしっかりすること。

関連語

異事
異人

例文 贈り給へる物の、**こまやかに**ことなるを(夜の寝覚)

訳 お贈りになったもので、行き届いた特別立派であるの
を

解説 「心遣いが細かいところまで行き届く」こと。「こまかな
り」は形の小ささに用いるが、「こまやかなり」は人間関係の
細やかさや色の濃さを表すのに用いる。

関連語

類こまかなり

例文 二人の中になむ、**たまさか**の御消息の通ひも侍りし

(源氏物語)

訳 二人の間に、思いがけないお手紙のやりとりもござい
ました

解説 「たまたま」と同じ語源だが、「たまさか」は女性語。平
安時代は「まれだ・珍しい」の意味か、「たまさかに」の形で
「もしも」の意味に用いるのが普通。

関連語

類ありがたし
▶ 6
類わくらばに

例文 さりともとたのみけるが**をこなる**(和泉式部日記)

訳 まさかとあなたをあてにしていた私が愚かです

解説 「痴」とは「ばか」ということ。当て字で「尾籠」と表記さ
れることがあったが、これが鎌倉時代以降では「びろう(=
きたない)」と音読みされている。

関連語

をこがまし

189 あいぎゃうづく	かわいらしい・魅力的だ
【愛敬付く】 動 カ行四段活用	

かわいくて あいきょうある子は 魅力的

古 あいぎゃう ≠ 今 あいきょう

---

190 あきらむ	① 明らかにする
【明らむ】 動 マ行下二段活用	② 気持ちを晴らす

あきらむと 諦めは違う 明らかに!
明らむ

明らむ ▶ (物事を)明らかにする・(心を)明るくする

---

191 あり	① いる・ある
【有り・在り】 動 ラ行変格活用	② 生きている

いるね!

蟻んこも 生きている いる 存在だ!

ラ変動詞 あり・居り・侍り・います(そ)がり ▶ 全て存在を表す動詞

---

192 うしろみる	世話をする・後見をする
【後ろ見る】 動 マ行上一段活用	

子供らの 後ろ見まもり お世話する
うしろみ

後ろ見る ▶ 後ろから見つめる ▶ 世話をする

例文 いとぞ**あいぎゃうづき**、言ふよしなき御気配なる

（源氏物語）

訳 とてもかわいらしくなり、なんともいいようのない様子である

解説 「愛らしさ・かわいらしさ・魅力」を意味する。「あいぎゃうづく」はその「あいぎゃう」がつく（＝備わる）こと。

関連語
🈰 あいぎゃう

例文 古より人の分きかねたることを、末の世に下れる人の**えあきらむ**まじ（源氏物語）

訳 昔から人が分からなかったことを、後世の人が明らかにはできないだろう

解説 「物事の事情や理由を明らかにする」という意味。その結果、気持ちが晴れる。現代語の「諦める」との混同に注意すること。

例文 わが思ふ人は、**ありや**、なしや（伊勢物語）

訳 私の愛する人は、生きているか、亡くなったか

解説 動詞は言い切りの形が「ウ音」であるが、ラ変動詞は「〜り」で言い切る。ラ変動詞は、どの動詞も存在の意味を表す。

関連語
🈰 おはす
▶ 134
ありし
ありつる

例文 教へやうなること言ひ、**うしろみたる**、いとにくし

（枕草子）

訳 指図がましいことを言い、世話をやいているのも、大変にくらしい

解説 「後ろから見守る感じ」が語のイメージ。よって「お世話する」の意味である。また、「後ろ見」は名詞で「世話すること・後見人」の意味。

関連語
後ろ見

193 おくる	① 先立たれる
	② 劣る
【遅る・後る】 動 ラ行下二段活用	

おくる人 先立たれての さびしさよ

おくる ▶ 人に遅れをとる ▶ 劣る

| 194 けさうず | 思いを寄せる・恋する |
| 【懸想ず】 動 サ行変格活用 | |

恋心 消そうとしても 消えぬもの
懸想

懸想ず ▶ 想いを懸ける ▶ 思いを寄せる

| 195 さはる | 邪魔になる・さしつかえがある |
| 【障る】 動 ラ行四段活用 | |

さはるたび 邪魔になるよな このギプス
触る

障る ▶ よそから何かが触ってきて邪魔をする

---

196 したたむ	① 整理する・処理する
	② 準備する
【認む】 動 マ行下二段活用	③ 書き記す

恋心 文したためて 整理する

認む ▶ 手紙を「したためる」ようにきちんと処理する

例文 十ばかりにて殿に**おくれ**給ひしほど（源氏物語）

訳 十歳ほどで父君に先立たれなさったころ

解説 「先立たれる」の意味が頻出である。「大切な人に死に遅れる」イメージ。さらに、才能や容姿が「劣る・乏しい」ことも意味する。

例文 年ごろ**けさうじ**たまへる人の、太秦に日ごろ籠りたまへるが（狭衣物語）

訳 長年思いを懸けなさっている人で、太秦（広隆寺）に数日間籠もりなさっている方が

解説 「想いを懸ける」ということ。すなわち、「異性に恋し、慕う・求婚する」を意味する。「懸想」は名詞で、「恋愛」の意味。

例文 二日三日ばかり**さはる**ことありて（伊勢物語）

訳 二、三日ほどさしさわりのある事情があって

解説 自分の外側から何かに触られてうまくいかないイメージ。積極的な行動を表すのではなく、受動的なニュアンスである。

例文 うち散らし給へるものどもとり**したたむ**（落窪物語）

訳 散らかしなさったものなどを整理する

📖 **関連語**

題 さたす

解説 「きちんと物事をあるべき状態に整える」という意味。現代語の「したためる」に通じる。類義語「さたす」は、善悪を判別した上で処理することをいう。

197 しのぶ	① 気持ちをおさえる・我慢する
	② 人目を避ける
【忍ぶ】動 バ行四段活用・バ行上二段活用	

 しのぶ恋 人目を避けて 文わたす

忍ぶ ▶ 外に「見えないように」我慢する ▶ 隠す

---

198 すまふ	① 抵抗する・争う
	② 辞退する・拒絶する
【争ふ・辞ふ】動 ハ行四段活用	

 いやあ─ハハ… 無理 **老境の 親とすまふの 拒絶する**

すまふ ▶ 相撲をするように争い合っている

---

199 たふ	① 我慢する
	②任に堪える・能力がある
【堪ふ・耐ふ】動 ハ行下二段活用	

 へ…ヘッチャラダヨ！ 苦 苦 苦 **たふガイは 多くの苦労も 我慢する**

たふ ▶ 重い物にも堪えられる

---

200 ためらふ	① 心を静める
	② 身体を休める
	③ 躊躇する
【躊躇ふ】動 ハ行四段活用	

 早く行け **ためらふな 心静めて いさぎよく**

躊躇ふ ▶ 高まるものを抑える ▶ 心を静める／身体を休める

例文 二条の后に**しのび**てまゐりけるを、世の聞こえありければ(伊勢物語)

訳 二条の后のもとに人目を避けて通い申し上げたが、世間の噂(うわさ)になったので

解説 人に見られないようにすることを表す。気持ちについて用いると「耐え忍ぶ」の意味となり、行動について用いると「人目を避ける」の意味となる。

📖 関連語

類 たふ ▶199
類 ねんず
 ▶103
しの
偲ぶ

例文 中将の帯をひき解きて、ぬがせ給へば、ぬがじと**すまふ**を(源氏物語)

訳 中将の帯を解いて、(服を)脱がせなさるので、脱ぐまいと拒絶するのを

解説 「すまふ」の連用形「すまひ」が名詞化して「相撲」と呼ばれる格闘技になった。争ったり、抵抗したりするイメージ。

例文 大弐(だいに)ならましかば、**たへぬ**事なりとも、かからましやは(落窪物語)

訳 大弐だったら、我慢できないことだったとしても、こうするだろうか

解説 こらえて表に出ないようにすることで、「忍ぶ」と同じ意味。「重い任務を与えてもつらさを見せずに平気で堪えられる」イメージ。

📖 関連語

類 しのぶ
 ▶197
類 ねんず
 ▶103

例文 みな出ではてぬるに、**ためらひ**て、寄りてなにごとぞとみれば(蜻蛉日記)

訳 みな出て行ってしまったので、心を落ち着けて、近寄って何だろうかと見てみると

解説 もともと「心や体を落ち着ける」意味であり、前後の文脈には心の動揺や病気であることを示す表現がくる。中世以降、③の意味が目立つようになった。

📖 関連語

やすらふ

201 たゆむ	① おこたる・油断する
	② 勢いがなくなる
【弛む】 動 マ行四段活用	

緊張の 糸がたるんで 油断した
たゆんで

弛む ▶ ひもがゆるんでいる ▶ 油断している

---

202 なに(し)おふ	① 名前として持っている
	② 有名だ・名高い
【名に(し)負ふ】 動 ハ行四段活用	

何をふと 名高い名前 思い出す
名に負ふ

名に(し)負ふ ▶ 名前として持っていることが知れわたっている

---

203 ねぶ	① 成長する
	② 年を取る
動 バ行上二段活用	

指ねぶる 子供大きく 成長する

ねぶ ▶ どんどん成長していく

---

204 まねぶ	① まねする
	② そのまま伝える
【学ぶ】 動 バ行四段活用	③ 学ぶ

学ぶとは まねすることが 大切だ

学ぶ ▶ まねをする ▶ ありのまま伝える

例文 **たゆ**まるるもの　精進の日のおこなひ（枕草子）

訳 油断してしまうもの　精進の日の勤行（ごんぎょう）

解説 張り詰めていたものがゆるむイメージ。物に限らず、心の緊張がゆるむことについてもいい、そこから「勢いが弱まる・とだえる」という意味が生まれた。

関連語

類 ゆるぶ

例文 国々過ぎて行く程に、ここぞ**なにおふ**隅田川（すみだがは）（隅田川）

訳 国々を過ぎていくうちに、（到着した）ここが有名な隅田川だ

解説 もとは「～という名を背負っている」という意味だった。強意の副助詞「し」を添えて「名にし負ふ」「名にし負ば」の形でも用いる。和歌の用法が多い。

例文 いま二人は**ねび**にたるすがたにて（浜松中納言物語）

訳 あと二人は成長した姿で

解説 年を取ることをいう。「およす（ず）く」は大人に成長することを指すが、「ねぶ」は老人になることまでを含む。「おとなぶ」は一人前になること。

関連語

類 おとなぶ
類 およす（ず）く
▶ 272
類 ねびととのふ

例文 おぼろげの人、**まねび**などすべき歌にあらず

（後鳥羽院御口伝）

訳 （西行の歌は）普通の人が、まねすることなどするべき歌ではない

解説 「まねをする」意味。学習は、先生のまねをすることから始まるところから。「言葉でまねする」、つまり「言い表す」という意味もある。

205 みいだす	外を見る
【見出だす】 動 サ行四段活用	

簾から 外を見つめて 心みだす
 すだれ　　　　　　　　　　見出す

見出だす ⟷ 見入る
 み　い

---

206 みまかる	亡くなる・死ぬ
【身罷る】 動 ラ行四段活用	

○無念

身負かりて 無念に亡くなる 現世から
 身罷り

身罷る ▶ あの世へ行ってしまう ▶ 亡くなる
 みまか

---

207 みゆ	① 見える　② 見られる
	③ 見せる　④ 結婚する
【見ゆ】 動 ヤ行下二段活用	⑤ 現れる

「ゆ」は自発 見える 見られる 現れる

見える 見られる 現れる

見ゆ ▶ 自然と目に入る

---

208 もてなす	① 振る舞う
	② 取り扱う
【もて成す】 動 サ行四段活用	③ 待遇する

パーティーは 陽気に振る舞い もてなそう

もて成す ▶ 自分＝「振る舞う」　他人＝「待遇する」　物事＝「取り扱う」

例文 男はた寝られざりければ、外のかたを**みいだして**臥せ
るに(伊勢物語)

訳 男はやはり寝られなかったので、外のほうを見て横に
なっていると

□ **関連語**

図 みいる

解説 「出だす」は補助動詞で、「入る」の対義語。「外に向かっ
て〜する」の意味。現代では「発見する」という意味だが、
そのような用法は古語にはない。

例文 妹の**みまかり**ける時よみける(古今和歌集)

訳 妹が亡くなってしまった時に詠んだ(歌)

解説 「身があの世へ行く」という意味。「まかる」の謙譲語の
ニュアンスを残していて、身内の者が亡くなることについ
ていう。

例文 簾のすこしあきたるより、くろみたる物の**みゆれば**
(枕草子)

訳 簾の少しあいているところから、黒みがかったものが
見えるので

□ **関連語**

おぼゆ ▶ 92
きこゆ ▶ 139

解説 「ゆ」は自発・受身・可能を表す奈良時代の助動詞。「聞
こゆ」「思ゆ」などと同じ構成の語である。自然と目に入る
ということ。

例文 いささか恥ぢがましげに、いとほしげに**もてなし**など
もせさせ給はず(栄花物語)

訳 少しでも恥ずかしく思ってしまうように、気の毒そう
に振る舞うことなどもなさらず

解説 自分について用いると「振る舞う」、他人について用い
ると「待遇する」、物事について用いると「取り扱う」の意味
になる。

209 **ものす** 【物す】動 サ行変格活用	① する ② 「〜ものしたまふ」=〜でいらっ しゃる

ものずきは 色々するが 日の目見ず
物す

物す ▶ 何かをする(他の動詞の代わりに用いる)

---

210 **やつす** 【窶す】動 サ行四段活用	① みすぼらしくする・目立たなくす る ② 出家する

やつす人 みすぼらしくて 目立たない

窶す ▶ やつれる ▶ 目立たなくする ▶ 出家する

---

211 **わたる** 【渡る】動 ラ行四段活用	① 行く・来る　② 時がたつ ③ ずっと〜する・一面に〜する （補助動詞）

橋わたる 行く 来る人が 通り過ぎ

渡る ▶ 行ったり来たりする ▶ 時を過ごす

---

212 **あそび** 【遊び】名	詩歌管弦の遊び

平安の 遊びは詩歌 管弦だ!

遊びの高尚さ ▶ 管弦 ≒ 和歌 < 漢詩(漢学は学問)

例文 それにしたがひたるかへりごとなど**ものして**、今宵は
いととくかへりぬ(蜻蛉日記)

訳 それに従った返事などを**すると**、今夜はとても早く
帰ってしまった

解説 状況から相手に理解してもらうことのできるすべての
動詞の意味に使うことができる。具体的な動作の直接的表
現を避けるために用いる。

例文 かくまで**やつし**たれど、みにくくなどはあらで

(堤中納言物語)

📖 関連語

やつる

訳 これほどまでみすぼらしくしてしまっているけれど、
醜くなんかはなくて

解説 「目立たなくする」の意味。出家をすると、髪をそり、
黒い服を着なければならないことから、「褻す」に「出家す
る」の意味が生まれた。

例文 火などいそぎおこして、炭もて**わたる**もいとつきづき
し(枕草子)

訳 火などを急いでおこして、炭を持って**移動する**のも
(冬に)ふさわしい

解説 移動することをいうが、「ずっと〜する」「一面に〜す
る」も重要。また、「わたらせ給ふ」は「いらっしゃる」という
意味。

例文 御**あそび**などもし給はで(源氏物語)

訳 管弦の御遊びなどもなさらないで

解説 「遊び」にはさまざまなものがあるが、「詩歌管弦」のも
のがよく使われる。特に「漢詩」と「和歌」は、古文において
対比的に扱われることが多い。

213 いそぎ	① 準備
【急ぎ】名	② 急用

急用の いそぎの旅に 準備なし

急ぎ ▶ 急いですること ＝ 準備

---

214 うち・だいり	① 宮中
【内・裏・中・内裏】名	② 天皇

うち・だいり・くもゐ・ここのへ みな宮中！

《他の宮中を指す言葉》「雲居」「九重」「禁裏」

---

215 うつつ	① 現実
【現】名	② 正気

現実は 夢の反対 うつつなり

現 ⟷ 夢

---

216 かげ	① 光
【影・景】名	② 姿・形

太陽の 光が差して かげ映る

古 かげ＝光・姿などの意味 ≠ 今 かげ＝陰影の意味

例文 御八講の**いそぎ**を、さまざまに心づかひせさせ給へり

(源氏物語)

訳 法会の準備に、いろいろ心遣いをなさった

解説 「急いですること」から、「準備・用意」の意味。特に行事の準備や支度の意味で用いられる。「春のいそぎ」は、「正月の準備」の意。

例文 **うち**の渡らせ給ふを見奉らせたまふらむ心地

(枕草子)

訳 天皇がお越しになるのを見申し上げなさっているような気持ち

解説 《古典世界の場所の概念》「内裏」＝宮中 ⇔ 「里」＝自宅(宮中か外の自宅にいるかの二元論的世界)。平安の王朝文字では、「内裏」と表記しても、「だいり」ではなく「うち」と読むことが多い。

📖 関連語

類 きんり
類 くもゐ
類 ここのへ
対 さと
　　せんとう

例文 駿河なる　宇津の山辺の　**うつつ**にも　夢にも人にも
逢はぬなりけり(伊勢物語)

訳 駿河にある宇津の山辺では現実にも夢にも愛しい人に逢わなかったものだよ

解説 漢字のイメージから「現実」の意味。「現し心」とは夢ではなく現実の心ということから「意識の確かな状態・正気」の意味である。

📖 関連語

類 夢
現し心

例文 さやけき**かげ**を、まばゆくおぼしめしつるほどに

(大鏡)

訳 すみわたった月の光を、まぶしくお思いなさっているうちに

解説 「日・月・灯火などの光・姿」の意味で、現代語の「かげ」の意味とは違う。対義語は「くま」で「陰」の意味を表す。

📖 関連語

対 くま
くまなし
▶163

| 217 かたち
【形・容貌】 名 | ① 姿
② 顔立ち・器量 |

顔立ちも かたちも似てる 親子づれ

かたち ▶ 外形・姿 ▶ 顔立ち ▶ 美人

| 218 かど
【才】 名 | 見所ある才能 |

口ぶりは かどが立つけど 才能あり

かど ▶ 見所ある才能 ≒ ざえ ▶ 漢詩文の才能

| 219 きは
【際】 名 | ① 端・境目・終わり
② 身分・家柄 |

きはだって 身分ある人 そばつらい
きわ

際 ▶ 物事の境界の部分を表す

| 220 こころおとり
【心劣り】 名 | ① 幻滅・期待外れ
② 気後れすること |

幻滅と 言われ心を 取り乱す
心劣り

心劣り ▶ 心で劣っていると思うこと ▶ 幻滅

例文 聞こえかはしたまふ御**かたち**どもあらまほしく

(源氏物語)

訳 (和歌を)詠み交わしなさるお姿などは理想的で

関連語

題 すがた
かたちをかふ

解説 「かたち」が主に顔立ちを意味するのに対し、衣装を含む身なりについては「すがた」を用いることが多い。「かたち」だけで「美しい顔＝美人」と解釈することもある。

例文 いまめかしう**かど**ありとは言はれたまひし更衣なりけり(源氏物語)

訳 当世風で才能があると言われなさった更衣であるのだなあ

関連語

題 かどかどし
題 ざえ

解説 古典における「才能」は「かど」と「ざえ」がある。「かど」は「人柄も含めた才気」を、「ざえ」は「漢詩文の才能」を表すことが多い。

例文 いとやむごとなき**きは**にはあらぬが(源氏物語)

訳 あまり高貴な身分ではない人で

解説 現代語の「際立つ・極める」に通じる「ぎりぎり・限界」の意味。そこからさらに「程度・身分」などの意味も表す。

例文 むげに**こころおとり**せらるる事をのたまふかな

(無名抄)

訳 ひどく幻滅してしまうようなことをおっしゃいますなあ

関連語

対 こころまさり

解説 予想よりも劣っていること(期待外れだ)と、心そのものが劣っていること(気が引ける)を表す。「心劣りやする」のように係助詞がはさまることもある。

221 このかみ	① 年上・年長者
	② 兄・姉
【兄】名	

年上に このかみ長いと 注意され
　　　　　　髪

兄 ▶ 子の上 ▶ いちばん上の子 ▶ 年上

---

222 さき	① 以前　② 今後
	③ 貴人の行列の先に立って通行人を
【前駆・先・前】名	追い払う人

訪れを さきに伝える メッセンジャー

さき ▶ 現在から向いている方向 ▶ 過去／将来

---

223 としごろ	① ここ何年も・数年来
	② 長年
【年頃】名	

としごろと 長年言い張る うちの姉
　　　年頃

年頃 ▶ 年がいくつも ▶ 長年

---

224 なさけ	① 人情
	② 情趣
【情け】名	

なさけなや 情趣わからぬ 粗野な人

情け ▶ 人の気持ちを解する心 ▶ 思いやり

例文 さるは、いくほどの**このかみ**にもおはせず

（堤中納言物語）

訳 しかし、どれほどの**年上**というわけでもいらっしゃらない

解説 「子の上」の意味から「長子・年上」を指す言葉となった。「そのかみ」は「その当時・昔」の意味で、全く別の語であることに注意。

関連語

そのかみ

例文 **さき**を忍びやかにみじかう、おのが君達の料に追ひたるも（枕草子）

訳 **先払い**をひっそりと短く、自分の主人たちのためにしているのも

解説 貴人が行列を作って進んでいくとき、前にいる邪魔者を「お前、お前」などと言って追い払うこと、あるいはその人のことを指す「前駆払ひ」の略語である。

関連語

類 前

対 尻

例文 **としごろ**おとづれざりける人の、桜のさかりに見に来たりければ（伊勢物語）

訳 **長年**訪れなかった人が、桜が満開のころに見に来たので

解説 現在までの何年かを表す。「日頃」「月頃」もそれぞれ「ここ何日か」「ここ何ヶ月か」の意味。「結婚適齢期」の意味はないので注意すること。

関連語

月頃

日頃

例文 ただ、**なさけ**なげなるをのこにこそありけれ、とばかりぞ申し給ひける（大鏡）

訳 ただ、**情趣**を解しない男だったのだなあ、とだけ申しなさった

解説 「人情・情趣」のこと。「情けなし」は人間らしい気持ちを持っていないことと、人間性豊かな人なら感じるはずの風流がわからないこと。

関連語

こころなし

▶258

225 ふるさと 【古里・故郷】 名	① 昔都であったところ・旧都 ② 昔なじみの土地 ③ 故郷　④ 自宅

ふるさとは 昔都で あった土地

ふるさと ▶ 昔人が集まっていたところ

226 ほだし 【絆】 名	① 馬の足をつなぐ縄 ② 動きや心を縛るもの・出家の妨げ

あの人の 情にほだされ 心縛る

絆 ▶ 手足を縛るもの

227 まな 【真名・真字】 名	漢字

真名 仮名は 漢字ひらがな 男女別

まな ▶ 本当の文字 ▶ 漢字

228 みち 【道・路】 名	仏道・歌道・学問など専門の方面

未知の道 仏 学問 和歌の道

みち ▶ 「仏道・歌道」などいろいろな専門の道

例文 **ふるさと**は吉野の山し近ければ（古今和歌集）

訳 古い都（奈良）は吉野の山が近いので

解説 「ふるさと」は、古くなった里のイメージ。「里」とは、人の住んでいるところのことである。「旧都」は、京都から見て、奈良だけでなく、滋賀なども指す。

例文 この世の**ほだし**持たらぬ身に、ただ空の名残のみぞ惜しき（徒然草）
訳 現世で心を縛るようなものを持っていない身に、ただ四季の自然の名残だけが惜しかった

解説 馬を縛る馬具の名前。そこから「行動の妨げ」の意味になった。家族などを「出家の妨げとなるもの」の意味で「ほだし」と呼ぶことが多い。

例文 **まな**も仮名もあしう書くを、人のわらひなどすれば（枕草子）
訳 漢字も仮名も下手に書くのを、人が笑ったりするので

解説 「真」は「本物」の意。つまり、「本当の文字」ということ。中国語や中国文化が最先端の権威あるものだったため、そのように呼んでいた。

関連語

対 仮名　▶117
て
男手
女手

例文 一道に携はる人、あらぬ**みち**のむしろにのぞみて（徒然草）
訳 一つの道に携わる人が、（自分の専門とは）違う道の寄り合いに出席して

解説 「〜のみち」の形で用いられることが多いことは、現代語同様である。「仏道」「歌道」など、非常に多くの「道」がある。

229 もとすゑ	① 先とあと
	② 草の根もととすえ
【本末】名	③ 上の句と下の句

もとすゑは 草木のもとと すえのこと

本末 ▶ 上と下・原因と結果・上の句と下の句

---

230 ものがたり	おしゃべり・世間話
【物語】名	

ものがたり おしゃべり夢中 世間話

物語 ▶ 物を語る

---

231 ゆゑ	① 理由
	② 風情
【故】名	③ 由緒

若さゆゑ 理由のつかぬ こともある

故 ▶ 理由

---

232 さる・さらぬ	① 「然る」＝そのような（連体詞）
	② 「去る」＝離れる（動詞）
【然る・去る・避らぬ】連体 動 ラ行四段活用 連語	③ 「避らぬ」＝避けられない（連語）

（別れの場面で）
そうでない！ 離れられない！ 避けられない(泣)

然る ＝「さ」＋「ある」、「去る」 ▶ 過ぎ去る、「避らぬ」 ▶ 避けられない

例文 三十文字あまり、**もとすゑ**あはぬ歌、口疾くうち続け
などし給ふ(源氏物語)

訳 三十文字余りの上の句と下の句が合っていない歌を、
即興で次々に詠んだりなさる

解説 根もとと先のことを表す。いろいろなことに用いられ
るが、和歌の上の句と下の句のことをいう用法に注意。

関連語

かみしも

例文 これかれ酔ひ給ひて、**ものがたり**し、かづけものなど
せらる(大和物語)

訳 どなたも酔いなさり、**おしゃべり**をしたり、引き出物
を与えたりなんかなさる

解説 物を語ることを表す。「むかしむかし…」という物語に
限らず、「会話」の意味もある。男女が親しくなることを遠
回しに「ものがたりす」と表すこともある。

例文 その**ゆゑ**はいかにといへば(宇津保物語)

訳 その**理由**はどのようなものかというと

関連語

類 よし
ゆゑゆゑし

解説 もともと「理由」の意味だが、何か理由がありそうなも
のについて用いると「由緒・風情」の意味になる。「よし」に
比べると、よりレベルの高い風情のことを指す。

例文 京にもさすがに、**えさらぬ**事どもしげうおぼされて
(浜松中納言物語)

訳 京都でもやはり、**避けられない**ことがたくさんあるよ
うに思われて

解説 「さる」には「然る」と「去る」のほかに「避る」があり、「さ
らぬ」には「避らぬ」のほかに「そうでない」という意味の連
体詞「然らぬ」などもあるので、注意。

233 □ うべ・むべ	なるほど
【諾・宜】副	

むべんきょう なるほど大学 不合格
無勉強

うべ・むべ ▶ 相手のことばに「諾」と返事するイメージ

---

234 □ おほかた〜ず	全く〜ない
【大方〜ず】副	

おほかたは 全く過去に こだわらず
〇型

大方 + 打消 = 全く〜ない、大方（単独の時） = 一般に（副詞）

---

235 □ かまへて	① （命令や意志を伴い）必ず・きっと
【構へて】副	② （打消や禁止を伴い）決して

かまってね 必ず きっと かまってね
かまへて

構へて + 命令・意志 = 必ず・きっと、構へて + 打消・禁止 = 決して

---

236 □ ここら	① たくさん
【幾許】副	② たいそう

宝物 ここらにたくさん あるという

古 ここら ≠ 今 ここら、ここら ▶ こんなにもたくさん、そこら ▶ そんなにもたくさん

	例文	吹くからに秋の草木のしをるれば**むべ**山風を嵐といふ らむ(古今和歌集)

関連語

類 げに　▶127

| | 訳 | 吹くやいなや秋の草木が萎れるので、なるほど山風を
(「山」と「風」を組み合わせて)嵐というのだろう |

| | 解説 | 初めは「うべ」といい、平安時代中期以降「むべ」が主流
となった。「なるほど・いかにも」と納得や承知した気持ち
を表す。 |

| | 例文 | **おほかた誰も誰もものおぼゆる人なし**(栄花物語) |

| | 訳 | (姫を亡くした悲しみで)全く誰も正気でいられる人は
いない |

| | 解説 | 単独(打消を伴わない場合)のときは名詞で「普通」、ま
たは副詞で「一般に」の意味。打消を伴うときは陳述呼応の
副詞で「全く~ない」の意味。 |

| | 例文 | **かまへて**まろがおもておこすばかり、よき歌つかうま
つれよ(増鏡) |

関連語

類 ゆめ~な
▶296

| | 訳 | 必ず私の面目が立つほどの立派な歌をお詠み申し上げ
よ |

| | 解説 | 下に伴う語によって、意味が異なる。「命令や意志」を
伴い「必ず・きっと~しなさい・したい」、「打消や禁止」を
伴い「決して~しない・するな」。 |

| | 例文 | たれをまつむし　**ここら**鳴くらん(古今和歌集) |

関連語

類 そこら

| | 訳 | 誰を待つつもりで松虫が**たくさん**鳴いているのだろう
か |

| | 解説 | 現代語のような「このへん」の意味はないことに注意。
「そこら」も同じ意味だが、「ここら」は「こんなにもたくさ
ん」、「そこら」は「そんなにもたくさん」の意味。 |

| 237 □ さすがに 副 | ① そうはいうもののやはり ② なんといってもやはり |

さすがにと そうはいっても やはり年

さすがに ▶ そうするかのように ▶ それは認めるがやはり

| 238 □ たえて 【絶えて】 副 | (打消や否定的表現を伴い)少しも・全く |

しくしく しくしく

文たえて ずっと全く 便りなし

ふみ

絶えて〜ず ▶ 全部「絶えて」しまって何もない

| 239 □ つゆ〜なし 【露〜なし】 副 | 少しも〜ない |

蓄えが 少しもないとは つゆ知らず

露 ▶ 露ほどもない

| 240 □ なほ 【猶・尚】 副 | ① やはり ② そうはいっても ③ さらに |

なほ出たら そのままやはりを あてはめよ

なほ ▶ 元のまま・依然として ▶ やはり

例文 忍び来る所に、長烏帽子(ながえぼし)して、**さすがに**人に見えじと
まどひ入るほどに(枕草子)

訳 こっそり通う所に、長烏帽子で、そうはいってもやは
り人に見られまいとあわてて入るとき

📖 **関連語**

🔴類 しかすがに

解説 以前にあったこととは矛盾する別のことを認めるとき
に用いる。②から現代語の「さすがに」のような「賞賛・感
心」の意味が生まれた。

例文 世の中に**たえて**桜のなかりせば春の心はのどけからま
し(古今和歌集)

訳 この世に全く桜がなかったなら春の気分はのどかなも
のだったろうに

📖 **関連語**

さらに〜ず
▶ 128
つゆ〜なし
▶ 239
をさをさ〜ず

解説 呼応の副詞。もともと「絶ゆ」から転用されたもので、
「全くなくなって」という意味。助動詞だけでなく「なし」の
ように否定的な意味の語とも呼応する。

例文 しらぬ人の中にうち臥(ふ)して、**つゆ**まどろまれ**ず**
(更級日記)

訳 知らない人の中で横になって、**少しも**眠れ**ない**

📖 **関連語**

さらに〜ず
▶ 128
たえて ▶ 238
をさをさ〜ず

解説 「露(つゆ)」はほんのわずかなもののこと。小さく消えやすく
はかないものの比喩から、否定表現と呼応する副詞表現が
生まれた。

例文 **なほ**鹿なり、とてまた射むとするに(宇治拾遺物語)

訳 **やはり**鹿だ、と思ってまた射ようとすると

解説 物事が変わらず持続することを表す。「なほ〜のごと
し」の形で用いられると、「まるで〜のようだ」の意味を表す
が、あまり使われない。

241 ☐ **ひねもす** 【終日】副	一日中・朝から晩まで

一日中 ひるねもするか 日曜日
　　　　　ひねもす

終日（ひねもす） ⟷ よもすがら

242 ☐ **やうやう（く）** 【漸う（く）】副	次第に・徐々に

やうやうは やれば次第に うまくなる
　　　ヨーヨー

漸う（やうや） ＝ 漸く（やうや） ▶ 次第に

243 ☐ **やをら（やはら）** 副	おもむろに・そっと

おもむろに へやをライトで 照らし出す
　　　　　　　　やをら

やをら ▶ やわらかくそっと

244 ☐ **よに** 【世に】副	① 非常に・たいそう ② （打消を伴い）決して（〜ない）

冬のよに たいそうきれいな 月かかる
　　　夜に

世に ▶ 世の中を探してみてもめったにないほどだ

例文 人々**ひねもす**に祈るしるしありて、風波立たず

(土佐日記)

訳 人々が**一日中**祈った効き目があって、風も波も立たない

関連語
ひぐらし
よもすがら

解説 朝から晩までの日中を指す。「夜の間中ずっと」は「よもすがら」という。平安時代以降は「ひめもす」「ひめもそ」のようにいろいろな形で用いられた。

例文 **やうやう**白くなりゆく山ぎは(枕草子)

訳 **次第に**あたりが白んでいって、その山ぎわ

解説 漢字で書くと「漸う」である。「漸」は、水が少しずつしみこむことを意味し、そこから「次第に」という意味を持つ漢字となった。「ようやく」と訳さないように注意。

例文 物のそよそよと来る心ちのすれば、何にかあらんと思ひて、**やをら**みれば(宇治拾遺物語)

訳 何かがそよそよと来る気がするので、何だろうと思って、**そっと**見てみると

解説 「やはら」と同じで、「やわらかくそっと」のイメージ。現代でも使われるが、「急に・とつぜん」の意味だと勘違いしている人が多く、注意が必要である。

例文 醍醐の聖帝**よに**めでたくおはしましけるに(栄花物語)

訳 醍醐の聖帝が**たいそう**立派でいらっしゃったのに

解説 「世にも奇妙な…」という形で現代語にも残っている。「世に」は、この世の中になかなかない、ということ。また、打消の言葉と呼応して「全く(〜ない)」の意味にもなる。

245 ☑	よも〜じ	まさか〜ないだろう・よもや〜まい
副		

よもこんな 時間じゃまさか 来るまいに
　　夜も

よも ▶ 「よもや」の言葉のイメージ

---

246 ☑	わざと	① わざわざ
【態と】副		② 特に

わざわざと 意識しやるは 故意でない
　　　　　　わざと

態と ▶ わざわざする

---

247 ☑	いさ	さあ、どうでしょうね・(下に「知らず」などを伴い)どうだか(知らない)
副 感		

いさの意は ためらい否定 さあ・いやあ

いさ ▶ さあ、どうでしょうね = ためらい・否定の意味

---

248 ☑	さるべき	① 適当な・ふさわしい
【然るべき】連語		② そうなるはずの・もっともだ
		③ 立派な

浮気者 妻はさるべき もっともだ
　　　　　　　去る

さ＋ある＋べき ▶ そうなるはずの

例文 今は逃ぐとも**よも**逃がさじとおぼえければ

(宇治拾遺物語)

訳 今となっては逃げたとしても(相手が自分を)**まさか**逃がすまいと思われたので

解説 呼応の副詞で、打消推量の助動詞「じ」とともに用いられることが多い。「よもや」という形で現代語にも残っている。

例文 **わざと**消息し、よびいづべきことにはあらぬや

(枕草子)

📖 **関連語**

わざとならず

訳 **わざわざ**手紙を送り、呼び出さなければならないことではない

解説 意識的にすることで「わざわざ」にあたる。「わざと」には、現代語の「(悪意のある)故意に」の意味はないことに注意。

例文 人は**いさ**心も知らずふるさとは(古今和歌集)

訳 人の心は**さあどうでしょうね**、(移ろい行く)人の心は分からないが、故郷では

解説 「さあ、どうでしょうね」というためらいの意味。下に「知らず」などの語を伴うことが多い。よく似た言葉の「いざ」は「さあ〜しよう」という呼びかけの意味。

例文 **さるべき**たよりをたづねて、七月七日言ひやる

(更級日記)

訳 **適当な**つてをたどって、七月七日に言い送った

解説 「そうなるはずの」が本来の意味。そこから「適当な・ふさわしい」の意味が生じた。前世からの宿縁・因縁でそのようになった、ということを表す場合も多い。

249 そこはかとなし	とりとめがない・これといった理由がない
連語	

 そこはかと なしとはとりとめ ないの意味

そこはかとなし ▶ そこはあれ、と決まっておらずとりとめがない

250 ものかは	たいしたことはない・問題ではない・何でもない
【物かは】 連語	

 ものかはは 何にもならない かは反語!

物かは ▶ 「たいしたもの」か？いやそうじゃない

251 れいの	いつものように
【例の】 連語	

 れいの人 いつものように 注文す

例の ▶ 用言を修飾 ▶ いつものように／体言を修飾 ▶ いつもの

252 がり（〜のがり）	〜のもとに
【許】 接尾	

 がりがりの 和尚のもとで 修行する

許 ▶ 「行く」対象を表し、人や場所に付くことが多い

例文 心にうつりゆくよしなし事を、**そこはかとなく**書きつ
くれば(徒然草)

訳 心に浮かんでは消えていくつまらないことを、とりと
めもなく書きつけていると

解説 「そこはかとなし」は「『其処は彼』と無し」ということ。
「そこにはあれを置く、というふうに決まっていない」こと
から、目標が定まっておらずとりとめがないという意味。

例文 まちかくてつらきをみるは憂けれども憂きは**ものかは**
恋しきよりは(後撰和歌集)

訳 あなたのそばで冷淡にされるのはつらいがつらさは恋
しいのに比べれば何でもない

解説 「たいしたことだろうか、いやたいしたことではない」
ということ。「かは」は反語。もともと「～はものかは」の形
で使われるのが普通であった。

関連語
圏 かずならず

例文 **れいの**、夜いたくふけぬれば(枕草子)

訳 いつものように、夜がたいそう更けたので

解説 名詞を修飾しないときには「いつものように」という意
味の副詞である。なお、「れいならず」は普通でないことを
指し、とくに病気や妊娠のことを指すことが多い。

例文 さしたることなくて人の**がり**行くはよからぬことなり
(徒然草)

訳 たいした用事が無いのに人のところに行くのは良くな
いことである

解説 「移動を表す動詞」が後に続き、「に」や「へ」などの方向
を表す助詞を必要としない。特に平安時代以降、格助詞
「の」に付くことが多い。

☑① ☐もあるか、妹(いも)に会はずして ➡気が晴れないことだよ、いとしいあなたに会わないで	① いぶせく
☑② わが心ながらも☐、いかで立ちいでしにかと ➡自分ながらも身の程知らずで、どうして出仕したのであろうかと	② おほけなく
☑③ ☐事よりは、まめやかなる事を申しはてん ➡つまらないことよりは、まじめな話を最後まで申し上げましょう	③ よしなし
☑④ ほそやかに☐君達(きんだち)の直衣(なほし)姿 ➡ほっそりとして綺麗(きれい)な貴公子(うし)の直衣姿	④ きよげなる
☑⑤ 教へやうなること言ひ、☐、いとにくし ➡指図がましいことを言い、世話をやいているのも、大変にくらしい	⑤ うしろみたる
☑⑥ 火などいそぎおこして、炭もて☐もいとつきづきし ➡火などを急いでおこして、炭を持って移動するのも(冬に)ふさわしい	⑥ わたる
☑⑦ いとやむごとなき☐にはあらぬが ➡あまり高貴な身分ではない人で	⑦ きは
☑⑧ ☐おとづれざりける人の、桜のさかりに見に来たりければ ➡長年訪れなかった人が、桜が満開のころに見に来たので	⑧ としごろ
☑⑨ 吹くからに秋の草木のしをるれば☐山風を嵐といふらむ ➡吹くやいなや秋の草木が萎れるので、なるほど山風を(「山」と「風」を組み合わせて)嵐というのだろう	⑨ むべ
☑⑩ ☐白くなりゆく山ぎは ➡次第にあたりが白んでいって、その山ぎわ	⑩ やうやう
☑⑪ 今は逃ぐとも☐逃がさ☐とおぼえければ ➡今となっては逃げたとしても(相手が自分を)まさか逃がすまいと思われたので	⑪ よも・じ
☑⑫ 心にうつりゆくよしなし事を、☐書きつくれば ➡心に浮かんでは消えていくつまらないことを、とりとめもなく書きつけていると	⑫ そこはかとなく
☑⑬ さしたることなくて人の☐行くはよからぬことなり ➡たいした用事が無いのに人のところに行くのは良くないことである	⑬ がり

Rank C

なんとしても

253 あへなし	① 張り合いがない・がっかりだ
	② どうしようもない
【敢へ無し】 形 ク活用	

逢えないんじゃなあ

あへないじゃ 張り合いがない 恋人と
逢え

敢へ無し ▶ 抵抗できない ▶ 物足りない ▶ 張り合いがない

---

254 いぎたなし	① 寝坊だ
	② ぐっすりと寝ている・眠り込んでいる
【寝汚し】 形 ク活用	

← 朝食

お寝坊さん 寝るのに意地が きたなしよ
いぎたなし

(語の構成) 寝+汚し

| 255 いまいまし | 不吉だ・縁起が悪い |
| 【忌ま忌まし】 形 シク活用 | |

いまいまし 縁起が悪い 知らせあり

忌ま忌まし ▶ 「忌」は不吉なことを表す

---

256 うらなし	① 隠し立てがない
	② ざっくばらんだ
【うら無し】 形 ク活用	

妻のいびき
ひどいのよ

うらなしと 隠し立てなく 話す君
裏

うら無し ▶ 心(うら)に何も無い ▶ 隠し立てがない

136

例文 御使ひも、いと**あへなくて**帰り参りぬ（源氏物語）

訳 お使いの者も、とてもがっかりして帰って参上した

解説 動詞「敢ふ」に形容詞「なし」が付いたもの。「目的が果たされず期待外れなこと」を意味し、そのため「がっかりする・張り合いがない」の意味となる。

例文 夜鳴かぬも、**いぎたなき**心地すれども（枕草子）

訳 （鶯が）夜鳴かないのも、寝坊な気持ちがするけれど

解説 「寝（＝眠ること）」に「汚い」ことから、「寝坊だ」の意味である。ほとんどの場合、人を悪く言うときに用いられ、「見苦しい」感じを表す。

例文 かく**いまいましき**身の添ひ奉らむも（源氏物語）

訳 このように不吉な私がお付き添い申し上げるとしても

解説 「不吉なこと」を表し、「不吉だ・縁起が悪い」の意味。「ゆゆし」もよく似た意味の言葉だが、「神仏を畏れ多く思う気持ち」が原義。

関連語

類 ゆゆし
▶ 54

例文 世のはかなきことも**うらなく**言ひ慰まんこそうれしかるべきに（徒然草）

訳 ちょっとしたことでも、ざっくばらんに話して心が慰められたとしたらうれしいに違いないのに

解説 「裏（うら）」の「人に見えない内側」の意味から、「うら」は「心」を意味する。したがって、「うら無し」は、心の中に何もないさまを表す。

257 からし	① ひどい・つらい
【辛し】 形 ク活用	② 嫌だ
	③ 危ない

 この料理 からしききすぎ ひどい味

辛し ▶ 味覚の意味だけではないので注意

---

258 こころなし	① 思慮がない・分別がない
【心無し】 形 ク活用	② 思いやりがない
	③ 趣を理解しない

 こころなし 考えがない 思慮がない

心無し ▶ 心（判断力・配慮・風流）を持たない

---

259 こちなし	① 失礼だ
【骨無し】 形 ク活用	② 無骨だ

 挨拶が こっち(に)なしは 失礼だ
　　　　　骨無し

骨無し ▶ 「無骨」という言葉のもとになった

---

260 しどけなし	① だらしない・無造作だ
形 ク活用	② うちとけている・くつろいでいる

 無造作に くつろぎ組んだ あしどけな
　　　　　　　　　　　　　　　　足

しどけなし ▶ だらしなく気を緩めている

| 例文 | 浅葱をいと**からし**と思はれたるが、心苦しうはべるなり（源氏物語） |

| 訳 | 浅葱色（の<ruby>袍<rt>ほう</rt></ruby>を着る六位の位で）はとても辛いと思っておられることが、気の毒なのです |

関連語

類 いたし

| 解説 | 「辛し」は味覚の意味だけではなく、「ひどく心に感じること」を意味する。入試では後者の意味がよく問われる。 |

| 例文 | **こころなき**<ruby>稚児<rt>ちご</rt></ruby>もことわりとや思ひけん（曽我物語） |

| 訳 | 思慮のない稚児ももっともだと思ったのだろうか |

関連語

なさけ　▶224

| 解説 | 「心無し」の対義語に「心有り」があり、この場合の「心」はどちらも「風流」の意味がある。入試ではこの意味で問われることが最も多い。 |

| 例文 | **こちなく**も、きこえおとしてけるかな（源氏物語） |

| 訳 | 失礼にも、（物語を）悪く申し上げてしまったものだなあ |

関連語

類 なめし
　▶170
こちごちし

| 解説 | 「こち」は「骨」を表す。ごつごつしてなめらかでないことを表す「こちごちし」と同じ語源。 |

| 例文 | <ruby>御几帳<rt>みきちゃう</rt></ruby>ども**しどけなく**引きやりつつ（源氏物語） |

| 訳 | 御几帳などをだらしなく引きのけてあり |

| 解説 | 「規律がなくて気持ちが緩んでいる」ことを表す。「だらしない・乱れている」の意味だが、「くつろいでいる」のように良い意味で用いられることもある。 |

261 たいだいし	もってのほかだ・とんでもない
【怠怠し】 形 シク活用	

だいたいね 怠けるなんて とんでもない！
怠怠し

怠怠し(たいだい) ▶ 物事がうまく進まず、不都合な様子を表す

---

262 つたなし	① 下手だ・未熟だ
	② 運が悪い
【拙し】 形 ク活用	③ みっともない

未熟でも 勝負の世界は 待ったなし
拙し

拙し(つたな) ▶ とにかくダメな様子を表す

---

263 にげなし	似つかわしくない・ふさわしくない
【似げ無し】 形 ク活用	

逃げないと 似てない弟 叫んでる
似げ無し

似げ無し ▶ 似合っていない

---

264 むくつけし	① 気味が悪い
	② 無骨だ・品がない
形 ク活用	

むくつけし 仁王の顔が 気味悪い

むくつけし ▶ 気味が悪くてぞっとする

140

例文 げにいと**たいだいしき**御身のほだしにこそは

(浜松中納言物語)

訳 ほんとうにまったくとんでもないわが身の(出家の)妨げである

解説 あってはならないことを非難するイメージ。強く非難したり嘆いたりするときに使われる。

例文 **つたなき**人の、碁うつ事ばかりにさとく、たくみなるは(徒然草)

訳 未熟な人が、碁を打つことばかり賢く、すぐれているのは

解説 思慮・品格・技量・運など、いろいろなものが劣っていることを表す。

例文 **にげなき**もの、下衆(げす)の家に雪の降りたる(枕草子)

訳 似合わないもの、身分の低い者の家に雪が降っている光景

解説 似合っていないこと。「見た目がそっくりではない」という意味ではないことに注意。

関連語

類 つきなし

例文 いとあさましく**むくつけき**事をも聞くわざかな

(堤中納言物語)

訳 とてもあきれて気味の悪いことを聞くものだな

解説 常識を超えたものに対する感情を表す言葉。ただし、良い意味では使わず、「気味が悪い・おそろしい」の意味。

関連語

類 おどろおどろし
▶ 15

類 すごし ▶ 32

265 らうがはし	① 騒がしい
【乱がはし】 形 シク活用	② 乱れている
	③ 不作法だ

老化はし **乱れて** **騒ぎ** **不作法だ**
らうがはし

乱がはし ▶ 乱雑で混雑している

---

266 あやにくなり	① あいにくだ・不都合だ
【生憎なり】 形動 ナリ活用	② 憎らしい・意地が悪い

ゆるすまじ ばあやににくなし 意地悪い
肉

(語の構成) あや〈ああ〉 + にくし + なり ＝「あやにくなり」

---

267 あらはなり	① 丸見えだ
【露なり・顕なり】 形動 ナリ活用	② 慎みが無い
	③ はっきりとした

室内が 丸見えである あらはなり

露なり ▶ 「露骨」から連想できる意味

---

268 おいらかなり	① 穏やかだ・おおらかだ
形動 ナリ活用	② すなおだ

おいらかい？ いつでもおおらか 明るい子！

おいらかなり ≒「おほどかなり」

142

例文 人びと声加へなどして、**らうがはしき**ほどになりぬ
（増鏡）

訳 人々が声をあわせたりして、騒がしいぐらいになった

関連語

類 かしまし
かまびすし

解説 乱れていて混雑していることを表す。「らう」は「乱」の音読みである「らん」が変化したもので、訓読みの「みだりがはし」も同じような意味。

例文 **あやにくに**殿の御使ひのあらむ時（源氏物語）

訳 あいにく殿のお使いがあるような時

解説 感動詞「あや」に、形容詞「憎し」の語幹「にく」が付いてできた言葉。「あや、にくし」と心につぶやく不快感を表す。

例文 高き所にて、ここかしこ、僧坊ども**あらはに**見下ろさるる（源氏物語）

訳 高い場所なので、あちこち、僧坊などが丸見えに見下ろされる

解説 漢字で表記すると、「露なり」や「顕なり」。物事が「露顕すること」や、「露骨なこと」を意味する。一般に、「あらは」であることは避けられるべきとされた。

例文 あやしきまで**おいらかに**、異人かとなむおぼゆる
（紫式部日記）

訳 不思議なほど穏やかで、別人かと思われる

関連語

類 おほどかなり

解説 「穏やかで相手に対してうらんだり争ったりせず素直な感じ」を表す。類義語の「おほどかなり」は「のんびりとて鷹揚な感じ」を表す。

269 みそかなり	こっそりだ
【密かなり】 形動 ナリ活用	

こっそりと 彼女とデート 大みそか

みそか ≒「ひそか」

---

270 いぬ	寝る・眠る
【寝ぬ】 動 ナ行下二段活用	

犬は寝た 我は勉強 戌の時
寝ぬ ・いぬ

(語の構成)名詞 寝 + 下二段動詞 寝

---

271 いらふ	答える・返事する
【答ふ・応ふ】 動 ハ行下二段活用	

いらふ会 参加したいと 返事する
慰労

答ふ・応ふ ▶ 読み方に注意すること

---

272 およす(ず)く	① 成長する
動 カ行下二段活用	② 大人びる

蛙の子 およぎすくすく 成長す
かえる　　泳ぎ

およす(ず)く ▶「老ゆ」を語源とした言葉

例文 人にもしらせさせ給はで、**みそかに**花山寺におはしまして(大鏡)

訳 (花山天皇は)人にも知らせなさらないで、こっそりと花山寺にいらっしゃって

解説 「ひそかなり」と同じ意味だが、女性語であり、和文で用いられた。

例文 たはぶれて言ひつつ、夜更くるまで、泣きみ笑ひみして、みな**いぬ**(蜻蛉日記)

訳 ふざけて言っては、夜が更けるまで、泣いたり笑ったりして、皆は寝た

解説 名詞「寝」と下二段動詞「寝」が合わさってできた言葉。また、係助詞「も」を伴う慣用表現「寝も寝ず」は「眠りもしない」の意味。

例文 今一声呼ばれて**いらへ**んと、念じて寝たるほどに(宇治拾遺物語)

訳 今一度呼ばれてから返事しようと、じっと我慢して寝ているうちに

■ 関連語
いらへ

解説 「答ふ」はいい加減な返事、「答ふ」は正確な返事というニュアンスの違いがある。

例文 帝は十二の御歳なれど、いとおとなしく**およずけ**たまへれば(増鏡)

訳 帝は十二歳でいらっしゃるが、とても大人っぽく成長しなさったので

■ 関連語
類おとなぶ
類ねぶ ▶203
類ねびととのふ

解説 「老ゆ」を語源とし、ただ「老いる」ということではなく、「成長する」という意味を表す。

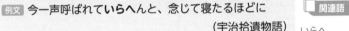

273 **かこつ**	① （口実を）かこつける
【託つ】 動 タ行四段活用	② 愚痴をこぼす・恨み言を言う

暗いかこ つもりて嘆く 愚痴を言う

過去　　積

託つ＝つらい思いを「言葉に託す」

274 **かたらふ**	① 語り合う
	② 交際する
【語らふ】 動 ハ行四段活用	③ 説得する

彼女とは 親しくかたらふ 交際す

語らふ ＝語り合う ▶ 交際する

275 **くつす（くっす）・くんず**	気がふさぐ・気が滅入る
【屈す（ず）】 動 サ行変格活用	

ミスをして くすんだ気持ちで ふさぎ込む

屈す

屈す ＝ 屈ず

276 **くどく**	くどくど言う・愚痴を言う
【口説く】 動 カ行四段活用	

くどくどと かわいい彼女を くどきたい

口説く ＝ 繰り返しくどくど言う ▶ 愚痴を言う

例文 逢はで止みにし憂さを思ひ、あだなる契りを**かこち**
(徒然草)

訳 逢わないで終わったつらさを思い、はかない約束に恨
み言を言い

解説 現代語の「(口実を)かこつける」や「恨み言を言う」に通
じる意味。形容詞化した言葉が「託言がまし」。

関連語

かごとがまし

例文 女どちも、契り深くて**かたらふ**人（枕草子）

訳 女同士でも、関係が深くて交際する人

解説 「交際する」の意味が重要。「語り合う」の意味だけでは
ない。関わる相手との関係性や目的によって意味が異な
る。

例文 月の興も覚えず、**くんじ**臥しぬ（更級日記）

訳 月の風情も思われず、気がふさいで横になった

解説 「屈ず」と同じ意味の言葉。「思ひ屈ず」の形でよく使わ
れ、「思いが屈する」ことから、ふさぎ込むという意味を表
す。

例文 「思ふことなげに寝給へるうたてさよ」と**くどき**ければ
（古今著聞集）

訳 「悩み事もなさそうにおやすみになっている情けなさ
よ」とくどくど言ったので

解説 もともと「くどくど何度も言う」意味の言葉で、現代
語の「女性を口説く」意味だけではない。愚痴っぽいことを
「くどくど言う」意味を表すことも多い。

277 こうず	① 疲れる
	② 悩む
【困ず】 動 サ行変格活用	

写真家の 神経疲れる こうず決め

構図

困ず ＝「困」から想像できる意味

| 278 こころう | 理解する |
| 【心得】 動 ア行下二段活用 | |

目が覚めて こころうかだと 理解する

廊下

心得 ▶ 心（核心）をつかむ ▶ 理解する

---

279 こころおく	① 気にかける
	② 遠慮する
【心置く】 動 カ行四段活用	③ よそよそしくする

遠慮がち こころをくばり 過ぎたかな

こころおく

心置く ▶ 「心（遠慮や気遣い）」を相手との間に「置く」

---

280 たばかる	① 工夫する
	② 相談する
【謀る】 動 ラ行四段活用	③ だます

漫画本 たまたまかったと 親だます

たばか

謀る ▶ 「はかりごと」でだましてやろうと工夫している

例文 **こうじ**にけるにや、ゐるままにすなはちねぶり声なる
（枕草子）

訳 疲れてしまったのだろうか、座るとすぐに眠たい声で
ある

解説 漢語「困」にサ変動詞「す」が付いた「こんず」から。（肉体
的な）疲労に加え、「（精神的に）悩み苦しむ」の意味を含む。

例文 この中納言なりけりと、紛るべきならねば、みな**こころ
ろえて**（浜松中納言物語）

訳 この中納言だったのだと、間違えようもないので、み
んな理解して

解説 ア行に活用する数少ない動詞。「心も得ず」のように、
間に助詞が入ることもある。現代語の「心得る」に近い意
味。

例文 中宮のかく添ひおはするに御**こころおかれ**て、思しや
すらふ程に（源氏物語）

訳 中宮がこのように一緒におられるのに遠慮されて、た
めらっておられるうちに

解説 相手に直接心を置くと「気にかける」、相手との間に心
（気遣い）を置くと「遠慮する」の意味。現代語の「気が置け
ない」（＝親しい・仲がよい）は、後者と同じ発想。

例文 琳賢は基俊と仲のあしかりければ、**たばからん**と思ひ
て（無名抄）

訳 琳賢は基俊と仲が悪かったので、だましてやろうと
思って

解説 「謀る」の「た」は接頭辞で、「謀る」と同じ意味。参謀が
謀略を練っているイメージ。

281 まどふ 【惑ふ】 動 ハ行四段活用	① 心が乱れる・取り乱す ② 途方に暮れる ③ ひどく〜する（補助動詞）

惑ふほど 心乱れる 恋の道

惑ふ ▶ 心が乱れている ≒「迷ふ」

282 もどく 動 カ行四段活用	① 似せる・まねする ② 非難する

あっ・ウィ〜

酒 毒だ！

アル中に 酒もどくだと 非難する
毒

もどく ▶ もどかしいものを非難したくなる

283 わく 【別く・分く】 動 カ行四段活用・カ行下二段活用	① 理解する ② 分ける・区別する

ワクワク 取り分けるから、待ってね

ワクワクと 分かるはうれし 取り分けて
わく

わく ▶ これはこっち、これはあっちと何でも分けられる

284 あからめ 【傍目】 名	① わき見 ② 浮気

初恋は あからめるな わき見るな
あきらめ

傍目 ▶ 傍らを見る ▶ わき見 ▶ 浮気

例文 いと眉黒にてなむにらみ給ひけるに、いとど心ちなむ **まどひける**(堤中納言物語)

訳 とても黒い眉でにらみなさったところ、ますます**心が 乱れた**

解説 「どうしてよいかわからない」という意味。③の補助 動詞の用法も重要。「目・眉・額なども腫れまどひて(=目・ 眉・額などもひどく腫れて)」のように用いる。

関連語

題 まよふ

例文 **もどき**ぬべくもあらぬ人の言ひ聞かするを(徒然草)

訳 **非難する**ことができないような(立派な)人が言い聞か せるのを

解説 「非難したくなる」ことをいう。一方、現代語でも用い る「〜もどき」は「似せる」の意味。

関連語

もどかし

例文 葎はふ宿とは**わか**ず秋は来て心づくしに月ぞもりくる (俊成 卿 女家集)

訳 ここが葎がはう粗末な家だとも**分け隔てせず**に秋が来 て物思いさせるように月の光がもれてくる

解説 理性を働かせて物事を区別・分類していくイメージ。 四段活用と下二段活用があり、「理解する」の意味は四段活 用のほう。

例文 花のもとにはねぢ寄り立ち寄り、**あからめ**もせず守り て(徒然草)

訳 桜の花の下ににじり寄って近寄って**わき見**もせずに見 つめて

解説 漢字をあてると「傍目」。「傍」は「傍ら」の意味なので、 「わき見」をすることを意味し、転じて、他に目移りする様 子から「浮気」の意味となる。

関連語

題 そばめ

285 あない	① 事情
【案内】名	② 取り次ぎ
	③ あいさつ

アナいつも **事情を取り次ぎ あいさつを!**
案内

案内 ▶「案」とは「文書」、「内」とはその「詳細」を表す

286 いもせ	① 夫婦
【妹兄・妹背】名	② きょうだい

一生ね 夫婦でいまっせ いつまでも
いもせ

妹 = 妻　兄 = 夫　妹兄 = 夫婦

287 こころづくし	物思いをすること
【心尽くし】名	

物思い すること**こころ づくし**の意
心尽くし

心尽くし ▶ 心にあれこれ思いを尽くすこと ▶ 物思いをすること

288 こころばへ	① 気遣い・気立て・性格
【心延へ】名	② 趣向
	③ 風情

気立てよい 我がこころばへ エサをやり
子　子ロバ

心延へ ▶「心」が「延」びて外まで見えるようになった

例文 変はらぬ姿今一度見え、かくと**あない**申して（大鏡）

訳 変わらない姿をもう一度お見せして、こうだと事情を申し上げて

解説 「文の詳細」が語源で、転じてその「事情」を「取り次ぎ」したり、その折の「あいさつ」を述べたりするときに用いられるようになった。

例文 戯れ給ふさま、いとをかしき**いもせ**と見え給へり
（源氏物語）

訳 遊び興じられる様子は、たいそう好ましいきょうだいと見られなさった

解説 「妹」と「兄」は、男女がそれぞれを親しんでいう語。「妹兄」で夫婦の意味。

例文 月のかげ見れば**こころづくし**の秋は来にけり
（古今和歌集）

訳 月の光を見ると、物思いをする秋は来たのだなあ（としみじみ思うことだ）

解説 「心をあれこれと尽くして、思い悩むこと」の意味で、「心を尽くす」の名詞形。現代のように「相手のために心をこめる」という意味はない。

例文 かたちいとをかしげに、**こころばへ**もをかしうおはす
（枕草子）

訳 容貌はとても愛らしく、気立てもすばらしくていらっしゃる

□ **関連語**
こころばせ

解説 行動に反映されている内心のことをいう。人だけでなく、物事についても用いられ、「趣向」「風情」の意味になる。

289 こしをれ 【腰折れ】 名	① 年をとって腰が曲がること ② 「腰折れ歌」の略（下手な和歌）

下手くそと 言われ頑張り こしをれる

腰 = 中心となる部分。和歌の「腰」 = 上の句と下の句の間

290 たづき 【方便】 名	① 手がかり・手段 ② 様子

手がかりで 事件かたづき 大団円

方便 ▶ 手付き ▶ 「手」を「付ける」ところ ▶ 手がかり

291 ひとま・ひま 【人間・隙】 名	「ひとま」=人の居ない時 「ひま」=① すきま　② 不仲

ひとまずは 人の居ぬ間に 盗み出す
人間

人間 ▶ 人と人の間

292 ひとやり 【人遣り】 名	自分の意志がないこと・他から強制 されてすること

ひとやりや 自分の意志は どこへやら

人遣り ▶ 責任を人に遣る

154

例文 一文字も違ひなば、あやしの**こしをれ**になりぬべし
（無名抄）

訳 一文字でも違っていたら、ひどくて**下手な歌**になって
いたにちがいない

解説 和歌の上の句と下の句のつなぎ目（腰）がうまくつな
がっていない下手な歌のことを指す。自分の歌をへりく
だって呼ぶことが多く、「腰折れ歌」ともいう。

例文 いかにまた心ぼそく、**たづき**なき心地して侍らん
（夜の寝覚）

□ 関連語

たより ▶ 114

訳 どれほどまた心細く、**手がかりのない**気持ちがしてい
るでしょう

解説 「手付き」と表記し、「手を付けるところ・手がかり」の
意味。後に「手段」、特に「生活の手段」の意味に用いられる
ことが多くなった。

例文 **ひとま**にはまゐりつつ、額をつきし薬師仏の立ち給へ
るを（更級日記）

訳 **人の居ない時**にお参りしては、礼拝をした薬師仏が
立っておられるのを

解説 「人間」は、人と人との間の誰も居ないところのイメー
ジ。「隙」は、時間的な空きだけでなく、空間的な空きにつ
いても用いる。

例文 **ひとやり**の道ならなくに（古今和歌集）

□ 関連語

ひとやりならず

訳 （私の旅は）**他人が強いた**ものではないのに

解説 責任を人になすりつけるイメージ。ほとんどが「人遣
りならず」のように打消表現を伴い、「自分自身の意志で・
自分のせいで」の意味。

293 ☑ **むね** 【旨】名	中心・主だったもの

主張して 議論の中心 胸熱だ!
旨

旨 ▶ 大事なところ

294 ☑ **せめて** 副	① 無理に ② しきりに・非常に ③ どうしても

恋人に せめて一目と 無理に逢う

せめて ▶ 相手を責めて無理にさせている

295 ☑ **はた** 【将】副	① ひょっとして ② (打消を伴い)きっと〜ない ③ そうはいうものの　④ あるいは

ひょっとして はたと不安に とらわれる

将 ▶ 「はたまた」というように、「また」とも近い

296 ☑ **ゆめ〜な** 【努・勤】副	決して〜するな

がんばれば 決して叶わぬ ゆめはなし
かな　　　　　　　　　夢

ゆめ ▶ 「夢にも思うな」と覚えよう

例文 家の作りやうは、夏を**むね**とすべし（徒然草）

訳 家の作り方は、夏を中心とする（中心として考える）のがよい

解説 中心になるものを表す。現代語でも用いる「〜のむね（旨）」も、「中心となるもの」の意味である。

関連語

むねと
むねむねし

例文 中将**せめて**いひそそのかして、蔵人の少将を中の君にあはせ給へば（落窪物語）

訳 中将は無理に催促して蔵人の少将を中の君に逢わせなさると

解説 「責めて」の意味で、相手を責めて無理やり行わせるイメージ。

例文 **はた**あやしともや思はずありけん（蜻蛉日記）

訳 ひょっとして変だとも思わなかったのだろうか

解説 二つの事柄を比べて推量するときに、いろいろな意味で使う。

例文 かかること、**ゆめ**人に言ふ**な**。すきがましきやうなり
（和泉式部日記）

訳 このようなことを決して人に言うな。好色であるかのようだ

解説 禁止表現とともに用いられると「決して」、命令表現とともに用いられると「くれぐれも」の意味であることが重要。

関連語

類 かまへて
▶ 235

| 297 さて | ① そうして・そのままで（副詞） |
| 副 接続 | ② さて・そこで（接続詞） |

さてと言い そのまま眠る 冬の朝

さて ＝ さ ＋ て ▶ そうして・そうであって ▶ そのままで

| 298 あなかま | 静かに！ |
| 連語 | |

「あ、なかま！」静かにしてね ないしょだよ
　　　　仲間

（語の構成）あな ＋ かまし・かまびすし

| 299 あらず | ない・違う・他の |
| 連語 | |

あらずっと 違うものと 勘違い

（語の構成）あり（ラ変動詞）＋ ず（打消の助動詞）

| 300 さればこそ・ さればよ | やっぱりだ・思った通りだ |
| 【然ればこそ・然ればよ】 連語 | |

やっぱりなぁ さればよなかに 通い道
男の浮気を妻が疑いの目で見て　去　　夜中

然ればよ ＝ だからだよ ▶ だから言ったじゃない

例文 いそぐにこそはと思ひかへしつれど、夜も**さて**やみぬ
（蜻蛉日記）

訳 （夫が）急ぐのだろうと考え直したが、夜も**そのまま**
（来ないで）終わってしまった

解説 副詞「さ」に接続助詞「て」が付いた語。「そうして・その
状態で」から「そのままで」の意味で用いられるようになっ
た。

例文 人々、いとかたはらいたしと思ひて、**あなかま**と聞こ
ゆ（源氏物語）

訳 人々は、とても見苦しいことだと思って、**お静かに**と
申し上げる

解説 感動詞「あな」（ああ）に、形容詞「かまし・かまびすし」
（やかましい）の語幹が付いて構成されたもの。

🔲 関連語

類 かしか（が）まし

例文 同じ人ながらも心ざし失せぬるは、まことに**あらぬ人**
とぞおぼゆるかし（枕草子）

訳 同じ人でも思いが無くなったときは、本当に**違う人**
のように思われるものだよ

解説 「〜にあらず」で、「〜ではない」と現代語訳することが
多いが、連語として「違う・他の」と解釈することがある。

例文 **さればよ**、ただ人と見えざりし、人の様ぞかし
（源氏物語）

訳 **思った通りだ**、普通の人に見えなかったあの人の様子
だったよ

解説 予想が的中したことを表す。後に文が続いたとき、係
り結びをしないので注意。一方、「然ればよ」は、後に文が
続かず、単独で用いるのが普通。

🔲 関連語

対 あさまし

▶ 2

ランク別チェックテスト

☑① 夜鳴かぬも、□□心地すれども ➡(鶯が)夜鳴かも、**寝坊な気持ちがする**けれど <small>うぐいす</small>	① いぎたなき
☑② かく□□身の添ひ奉らむも ➡このように**不吉な**私がお付き添い申し上げるとしても <small>たてまつ</small>	② いまいましき
☑③ 浅葱をいと□□と思われたるが、心苦しうはべるなり ➡浅葱色(の袍を着る六位の位で)はとても**辛い**と思っておられることが、気の毒なのです <small>あさぎ</small> <small>ほう</small>	③ からし
☑④ □□も、きこえおとしてけるかな ➡**失礼にも**、悪く申し上げてしまったものだなあ	④ こちなく
☑⑤ いとあさましく□□事をも聞くわざかな ➡とてもあきれて**気味の悪い**ことを聞くものだな	⑤ むくつけき
☑⑥ 人にもしらせさせ給はで、□□花山寺におはしまして ➡(花山天皇は)人にも知らせなさらないで、**こっそりと**花山寺にいらっしゃって <small>たま</small> <small>くわざんじ</small>	⑥ みそかに
☑⑦ 帝は十二の御歳なれど、いとおとなしく□□たまへれば ➡帝は十二歳でいらっしゃるが、とても大人っぽく**成長し**なさったので <small>みかど</small>	⑦ およずけ
☑⑧ 逢はで止みにし憂さを思ひ、あだなる契りを□□ ➡逢わないで終わったつらさを思い、はかない約束に**恨み言を言い**	⑧ かこち
☑⑨ 女どちも、契り深くて□□人 ➡女同士でも、関係が深くて**交際する**人 <small>ちぎ</small>	⑨ かたらふ
☑⑩ 変はらぬ姿今一度見え、かくと□□申して ➡変わらない姿をもう一度お見せして、こうだと**事情を**申し上げて	⑩ あない
☑⑪ 戯れ給ふさま、いとをかしき□□と見え給へり ➡遊び興じられる様子は、たいそう好ましい**きょうだい**と見られなさった <small>たはぶ</small><small>たま</small>	⑪ いもせ
☑⑫ かかること、□□人に言ふ□□。すきがましきやうなり ➡このようなことを**決して**人に言う**な**。好色であるかのようだ	⑫ ゆめ・な
☑⑬ 人々、いとかたはらいたしと思ひて、□□と聞こゆ ➡人々は、とても見苦しいことだと思って、**お静かに**と申し上げる	⑬ あなかま

きっといつか

Appendix

まとめて覚える単語

◆病気に関する言葉

なやむ 【悩む】動 マ行四段活用	① 病気で苦しむ・わずらう ② 苦労する
あつし 【篤し】形 シク活用	病気がちだ・病気が重い
おこたる 【怠る】動 ラ行四段活用	① 怠ける・休む ② 油断する ③ 病気が治る

悩む ▶ 身体的に苦しむ

篤し ▶ 体が熱い ▶ 病気がちだ・病気が重い

怠る ▶ 勢いが弱まる ▶ 病気が快方に向かう

◆呼応関係にある表現

…を～み	…が～なので
な～そ 副	～するな
え～（ず） 副	～できない

…を～み ▶「を」は省略可。…に体言、～に形容詞の語幹が入る。

な～そ ▶～には動詞の連用形が入る。ただし、カ変動詞「来」・サ変動詞「す」は「なこそ」「なせそ」となる。

え～ず ▶「え」は「得」の連用形から ▶ ～できない

例文 いく程なくかの中納言、**なやみて**失せぬ(増鏡)

訳 まもなくあの中納言は、病気になって死んだ

例文 いたうわづらひたまひし御心地の後、いと**あつしく**なりたまひて(源氏物語)

訳 (紫の上は)ひどく病気で苦しみなさったご気分以来、たいそう病気が重くなりなさり

例文 悩みわたるが、**おこたり**ぬるもうれし(枕草子)

訳 病気を患い続けていたのが、治ったのもうれしい

解説 すべて**病気**に関連する語。「悩む」は現代語では②の意味だけだが、古語では身体的苦悩を表す①の意味でよく使われる。「篤し」は熱が出て体が熱いことからできた語といわれている。漢字は「危篤」の「篤」にあたるが、「病気がち～重病」まで広く表す。また、「怠る」は病気が快方に向かうことを表す。

 関連語

わづらふ

例文 秋の田のかりほの庵の苫**を**あら**み**(後撰和歌集)

訳 秋の田の仮小屋の苫が荒いので

例文 なにか射る。**な**射**そ**、**な**射**そ**。(大鏡)

訳 どうして射るのだ。射るな、射るな。

例文 **え**出で**ず**なりぬるにや(狭衣物語)

訳 出られなくなってしまったのだろうか

解説 すべて一字の語どうしが呼応関係にある表現。「…を～み」は、平安時代以降はほとんど和歌にしか用いられない。「を」は省略可能。「**な～そ**」は禁止を表す。また、「**勿来の関**」という歌枕は、「な来そ(来るな)」の掛詞となる。「**え～ず**」の「え」は、関西で「よう～せん」などというときの「よう」にあたる。

やつす 【窶す】 動 サ行四段活用	① みすぼらしくする・目立たなくする ② 出家する
おこなふ 【行ふ】 動 ハ行四段活用	仏道修行をする・勤行する
ほだし 【絆】 名	① 馬の足をつなぐ縄 ② 動きや心を縛るもの・出家の妨げ

窶す ▶ 目立たなくする ▶ 出家する

行ふ ▶ 行動する ▶ 仏道修行する

絆 ▶ 馬を縛って行動を妨げるもの
　▶ 人の行動を妨げるもの ▶ 出家の妨げ

さまをかふ 【様を変ふ】 連語	① これまでと違った姿をする ② 元服する ③ 出家する
はかなくなる 【果無くなる】 連語	死ぬ
ただならず 【徒ならず】 連語	① 普通でない ② 優れている ③ 妊娠している

様を変ふ ▶ 外見を変える ▶ 元服する・出家する

果無くなる ▶ 頼りなくなる ▶ 死ぬ

徒ならず ▶ 普通でない ▶ 妊娠している

例文 三の宮のおなじごと身を**やつし**給へる（源氏物語）

訳 三の宮が同じように出家しておられる

例文 持仏据ゑ奉りて**おこなふ**、尼なりけり（源氏物語）

訳 持仏を据え申し上げて勤行する、尼であったよ

例文 さばかり思しとりし道の、**ほだし**になりぬらんかし（夜の寝覚）

訳 あれほど決意なさった仏道の、妨げになっているでしょうよ

解説 出家に関連する語。出家すると黒い僧衣に着替えたため、「目立たなくする」という意味の「窶す」に「出家する」の意味が生じた。「行ふ」は、「実行する」の意味だが、特に仏道関係によく使われる。「絆」は、もともと馬を縛る道具の名前だが、「人の行動を縛るもの」、特に「出家の妨げ」の意味で使われることが普通。

例文 菩提院といふ寺におはし、**さまをかへ**（平家物語）

訳 菩提院という寺にいらっしゃって、出家して

例文 いかなる心地にてか、にはかに**はかなくなり**給ひにし（源氏物語）

訳 どんな病状によってか、急にお亡くなりになってしまった

例文 このほど女御殿**ただならず**ならせ給ひにければ（栄花物語）

訳 このとき女御殿が妊娠なさったので

解説 すべて婉曲的語法。出家や人の死など、暗い話題を表す言い方には婉曲語法が多く、ほかにも「みぐしおろす」「やつす」「よをそむく」などが出家を、「むなしくなる」「いたづらになる」「みまかる」「たえいる」などが死を表す。「徒ならず」は体調が普通でないことをいうが、特に③が大切。「れいならず」も同じように使われる。

 関連語

いたづらになる
たえいる
みぐしおろす
むなしくなる
やつす ▶210
れいならず

なのめなり 【斜めなり】形動 ナリ活用	① 平凡だ ② 「なのめならず」=格別だ ③ 「なのめに」=格別だ
なべて 【並べて】副	① 総じて・普通 ② 「なべてならず」=格別だ ③ 「なべての」=平凡な
よのつね 【世の常】名	① 普通 ② ありきたり

つまらない男に興味ない　斜めなり ▶ 平凡だ ▶ 格別だ

並べて ▶ すべて同じように

世の常 ▶ 世の中にいつもあるようなこと

しる 【知る・領る・治る】動 ラ行四段活用	① 統治する・治める ② 領有する
とらす 【取らす】動 サ行下二段活用	与える
かづく 【被く】動 カ行四段活用・カ行下二段活用	① (四段活用)被る・頂く ② (下二段活用)被せる・与える
よろこび 【喜び・悦び・慶び】名	① お礼 ② お祝い

知る ▶ すみずみまで知っている ▶ 支配下に置く

取らす ▶ 取らせる ▶ 与える

被く ▶ かぶる・かぶせる ▶ 衣服を褒美として相手の肩にかぶせる

喜び・悦び・慶び ▶ うれしい気持ち ▶ お礼・お祝い

例文 **なのめ**にだにあらず、そこらの人のほめ感じて(枕草子)
訳 平凡でもなく、多くの人がほめて感心して

例文 人の**なべて**知るべうもあらぬことを(枕草子)
訳 人が普通知りそうもないことを

例文 御かたちなどの**よのつね**ならずをかしげにて(大鏡)
訳 ご容貌などが並々でなく美しくて

解説 打消の形で用いることの多い語。「斜めなり」は、「斜めならず」の形で「格別だ」という意味に用いられてきたが、後に「斜めなり」が「格別だ」の意味で使われるようになった。「並べて」は、「並べてならず」で「並々でない」の意味。「世の常」も、打消で「並々でない」の意味で使われる。

🔖 関連語

おぼろけ(げ)
なり ▶ 69

例文 昔、男、津の国に**しる**所ありけるに(伊勢物語)
訳 昔、男が、摂津国に領有する所があって

例文 誰が文を、誰か**とらせ**し(枕草子)
訳 誰の手紙を、誰が与えたのか

例文 叡感のあまりに、御衣をぬぎて**かづけ**させ給ひしを(古今著聞集)
訳 ご感心のあまりに、お着物を脱いで褒美にお与えになったが

例文 山階寺の別当になりて**よろこび**申す日(枕草子)
訳 山階寺の別当になって、そのお礼を申し上げる日

解説 褒美に関する語。「知る」は、「知事」という言葉があるように、領有することを表す。「取らす」は与えることを表し、「被く」は、衣装を肩にかぶせる・かぶせてもらうことから、「褒美として与える・いただく」を意味する。「よろこび」は、うれしい気持ちがもとの意味。

🔖 関連語

たまふ ▶ 143
よろこびまうし

いとけなし・いはけなし 【幼けなし・稚けなし】形 ク活用	① 幼い・子供っぽい ② あどけない
かしづく 【傅く】動 カ行四段活用	① (子供に対して)大切に育てる ② (大人に対して)大切に世話する
およす(ず)く 動 カ行下二段活用	① 成長する ② 大人びる
おとなし 【大人し】形 シク活用	① 大人びている ② 思慮分別がある ③ 年長だ

幼けなし・稚けなし ▶ 幼い・子供っぽい

傅く ▶ 大切に養育する ×「お仕えする・奉仕する」

およずく ▶ 「おい」がついてくる ▶ 成長する

大人し ▶ 「大人」のようだ ▶ しっかりしている・大人びている

ののしる 【罵る】動 ラ行四段活用	① 大声を出す・騒ぐ ② 評判になる
さた 【沙汰】名	① 処理　② 命令 ③ うわさ　④ 議論 ⑤ 裁判
なに(し)おふ 【名に(し)負ふ】動 ハ行四段活用	① 名前として持っている ② 有名だ・名高い
ときめく 【時めく】動 カ行四段活用	① 時流に乗って栄える ② 寵愛を受ける

罵る ▶ 大声を出す ▶ うわさする ▶ 評判になる

沙汰 ▶ 砂をより分ける ▶ 選別して処理する

名に(し)負ふ ▶ 名前として背負っている ▶ 有名な名前を持っている

時めく ▶ 「時」に合っている ▶ 栄える ▶ 貴人から愛される

例文 二つになり給へば、いと**いはけなし**（源氏物語）

訳 二歳になられるので、とても**あどけない**

例文 親たち**かしづき**給ふ事かぎりなし（堤中納言物語）

訳 親たちが**大切に養育**なさることはこの上もない

例文 いとどこの世のものならず清らに**およずけ**給へれば（源氏物語）

訳 ますますこの世のものではないほど美しく**成長して**おられるので

例文 年のほどよりはいと**おとなしく**（紫式部日記）

訳 実際の年齢よりはとても**大人びて**

解説 人の成長に関する語。「幼けなし」「稚けなし」は幼くて子供っぽいこと、「傅く」は現代語で「お仕えする」意味だが、大切に養育することを表す。「およすく」は年を取って成長することを表す。「大人し」は、現代語の「おとなしい」の意味はない。

関連語

ねぶ ▶203
をさをさし
▶182

例文 ただいまの世に**ののしる**殿ぞかしなど思ひて（落窪物語）

訳 今の世に**評判の高い**殿であるよ、などと思って

例文 思はずなる事に、世の人も言ひ**さた**しける（増鏡）

訳 予想外のことだと、世の人も**うわさ**した

例文 花橘は**なにこそおへ**れ（徒然草）

訳 花の咲いている橘は（香りが昔を思い出させることで）**有名**だが

例文 またさわがしう**ときめき**たる所に（枕草子）

訳 また、にぎやかで**時流に乗って栄えている**所に

解説 評判が高いことに関する語。「罵る」は、大声を出すことから「評判になる」の意味が生まれた。「沙汰」はもともと選別するという意味だった。「名に負ふ」は、「名にし負ふ」の形もある。「時めく」は、女性について使われた場合、②の意味。

関連語

おとにきく
ときめかす

にほふ 【匂ふ】 動 ハ行四段活用	① 美しく色づく ② 照り映える ③ 咲きほこる
めづ 【愛づ】 動 ダ行下二段活用	① かわいがる ② ほめる
うつろ（ら）ふ 【移ろ（ら）ふ】 動 ハ行四段活用	① 美しさが衰える・色あせる ② 花が散る ③ （人の心が）変わっていく

匂ふ ▶ 朱色「丹」になる ▶ 鮮やかに映る ▶ 美しく咲く

愛づ ▶ ほめる

移ろふ ▶ 移り変わっていく
　　　　▶ 植物が枯れそうになる・心が以前と変わる

うへ 【上】 名	① 天皇 ② 主人 ③ 正妻・北の方
くもゐ 【雲居・雲井】 名	① 空・雲 ② 皇居 ③ 都
かしこし 【畏し】 形 ク活用	畏（おそ）れ多い

上 ▶ 上にいる尊い存在 ▶ 帝・主人

雲居 ▶ 雲の居るところ ▶ 手の届かない場所＝皇居

かしこし ▶ 神聖で畏れ多い

例文 都に**にほふ**花をだに見ず（後撰和歌集）
訳 都で咲きほこる花さえも見ない

例文 花を**めで**、鳥をうらやみ（古今和歌集仮名序）
訳 花を賞美し、鳥を慕い

例文 菊の花の**うつろへる**を折りて（伊勢物語）
訳 菊の花の色あせているものを折って

解説 花に関する語。「匂ふ」は、もともと匂いよりも視覚を中心とした語で、花が「匂ふ」といえば、「美しく咲く」の意味が普通。「愛づ」は、現代語の「めでる」にあたり、形容詞の「めづらし」「めでたし」のもとの語。花が色あせて枯れそうになることを「移ろ（ら）ふ」というが、恋の和歌などでは③の意味でも使われる。「ふ」は反復・継続を意味する助動詞。

例文 **うへ**もわらはせ給ふ（枕草子）
訳 帝もお笑いになる

例文 **くもゐ**にてよをふるころは（大和物語）
訳 宮中で夜をすごすころは

例文 御門の御位はいとも**かしこし**（徒然草）
訳 皇位はとてもおそれおおい

解説 帝・天皇に関連する語。「うへ」は、「上」の意味でも使うが、「身分の高い人」全般を表す。「雲居」は、雲の居るところ、つまり大空を指すが、「大空のように高いところ」という比喩的な意味で、「帝のおられるところ」つまり皇居や都を指す。「かしこし」は尊いものや神聖なものを慎む気持ちを表す。

関連語
うち・だいり
▶214
かたじけなし
ここのへ

おほけなし 形 ク活用	① 身分不相応だ・厚かましい ② 恐れ多い
やむごとなし 【止む事無し】形 ク活用	① 放っておけない ② 格別だ ③ 高貴だ
いちのひと 【一の人】名	摂政・関白
きは 【際】名	① 端・境目・終わり ② 身分・家柄

おほけなし ▶ 身分不相応だ・身の程知らずだ

止む事無し ▶ やむをえない・放っておけない ▶ 格別だ ▶ 高貴だ

一の人 ▶ いちばん身分の高い人 ▶ 摂政・関白 ※皇族は除く

際 ▶ 物事の境目 ▶ 人間同士の境目＝身分

つらし 【辛し】形 ク活用	① 薄情だ・冷淡だ ② つらい・苦痛だ
わぶ 【侘ぶ】動 バ行上二段活用	① 気を落とす ② 嘆く ③ 不平を言う
かる 【離る】動 ラ行下二段活用	離れる
あだなり 【徒なり】形動 ナリ活用	① 無駄だ ② 浮気だ ③ はかない

辛し ▶ 思いやりが感じられない ▶ 冷淡だ・ひどい

侘ぶ ▶ 思ったようにならない ▶ がっかりする・つらく思う・嘆く

和歌の「かる」 ▶ 「枯る」と「離る」で掛詞になることが多い。

徒なり ▶ 不誠実だ ▶ あてにならない ▶ はかない・むなしい

例文 これより、あるまじく、**おほけなき**ことを思ひより（夜の寝覚）
訳 このときから、あってはならない、身分不相応なことを思い立って

例文 昔、をとこ、**やむごとなき**女のもとに（伊勢物語）
訳 昔、男が、高貴な女性のもとに

例文 **いちのひと**の御子、将軍に成り給へるは（増鏡）
訳 摂政・関白のご子息が将軍になられたのは

例文 いとやむごとなき**きは**にはあらぬが（源氏物語）
訳 それほど高貴な身分ではない人で

解説 身分の高さに関連する語。「おほけなし」は、身分が低い者への非難の気持ちをこめて使われる。「止む事無し」は、③が特に重要。「一の人」は、特に摂政や関白のことを指す。「際」は、物事の境目のことで、人について使われると「身分」の意味。

関連語
あてなり ▶ 62
しな
ただびと

例文 **つらき人**こそ忘れがたけれ（和泉式部集）
訳 冷たい人こそなかなか忘れられないものだ

例文 かく**わぶる**けしきを御覧じて（和泉式部日記）
訳 このように嘆く様子をご覧になって

例文 人めも草も**かれ**ぬとおもへば（古今和歌集）
訳 人の目も離れ草も枯れてしまうと思うので

例文 この殿**あだなる**わざせさせ給ふ事もなかりけり（栄花物語）
訳 この殿は不誠実なことをなさったこともなかった

解説 男女関係の破綻に関する語。「辛し」は、ひどい仕打ちをする思いやりのなさを指す。「侘ぶ」は、思ったとおりにならずに落ち込むことをいう。「離る」は、遠ざかる・疎遠になるなどの意味。「徒なり」は「まめなり」の対義語で、不誠実で頼りにならないことを指す。

関連語
つれなし ▶ 35
わびし ▶ 57

173

ありく 【歩く】 動 カ行四段活用	① 歩きまわる ② あちこちで〜する・ずっと〜する （補助動詞）
わたる 【渡る】 動 ラ行四段活用	① 行く・来る　②時がたつ ③ ずっと〜する・一面に〜する （補助動詞）
わづらふ 【煩ふ】 動 ハ行四段活用	① 悩む ② 病気になる ③ 〜しかねる（補助動詞）
まどふ 【惑ふ】 動 ハ行四段活用	① 心が乱れる・取り乱す ② 途方に暮れる ③ ひどく〜する（補助動詞）

歩く ▶ あちこち出歩く ▶ あちこちで行動する

渡る ▶ 移動する ▶ 動き続ける

煩ふ ▶ 苦しむ ▶ 行うのに苦労する ▶ 〜しかねる

惑ふ ▶ 判断力を失う ▶ 取り乱すほどひどく行う

みる 【見る】 動 マ行上一段活用	① 見る　② 会う ③ 結婚する ④ 世話をする
すむ 【住む】 動 マ行四段活用	① 住む ② 妻のもとに通う・夫婦となる
ちぎる 【契る】 動 ラ行四段活用	① 約束する ② 変わらぬ愛情を誓う・夫婦となる
よ 【世・代】 名	① 一生涯　② 天皇の治世・御世 ③ 世間・世の中 ④ 男女の仲

見る ▶ 女性の姿を直接見る ▶ 気を許した男女関係となる

住む ▶ 同じ所に居続ける ▶ 同じ女性のもとに通う ▶ 夫婦となる

契る ▶ 約束する ▶ 来世を約束する ▶ 夫婦となる

よ ▶ 人と人との関わるところ ▶ 男女の間柄

例文 螢のとび**ありき**けるを（大和物語）

訳 蛍があちこち飛び回っていたのを

例文 東ざまにうち見やりたれば、山霞み**わたり**て（蜻蛉日記）

訳 東の方を見たところ、山が一面にかすんでいて

例文 勢多の橋みな崩れて、渡り**わづらふ**（更級日記）

訳 勢多の橋がすっかり崩れて、渡るのに苦労する

例文 斉信がまゐりたりつるを見ましかば、いかにめで**まどはまし**（枕草子）

訳 斉信が参上したのを見ていたら、どれほどさかんにほめたであろう

解説 敬語以外で、補助動詞の用法がある語。「歩く」は、出歩くことで、②にはそのなごりがある。「渡る」は、移動する意味だったが、②③の意味でも用いられる。「煩ふ」は、「苦しむ」ことから③の意味が生まれ、「惑ふ」は、「取り乱すぐらい～する」から③の意味になる。

例文 いかでこのかぐや姫を得てしがな、**みてしがな**（竹取物語）

訳 なんとかしてこのかぐや姫を手に入れたいものだ、結婚したいものだ

例文 年経て後、いみじう思ひて**すむ**（落窪物語）

訳 年月が過ぎた後、とても大切に思って結婚した

例文 ねむごろにいひ**ちぎり**ける女の、ことざまになりにければ（伊勢物語）

訳 心を込めて愛を誓い合った女性が、心変わりしてしまったので

例文 いつはりのなき**よ**なりせばいかばかり人の言の葉うれしからまし（古今和歌集）

訳 うそのない間柄だったらどれほどあの人の言葉がうれしかったことでしょう

解説 結婚生活に関する語。「見る」は、女性が気を許した相手にしか姿を見せなかったことからできた語。「契る」は、①以外に、仲のよい男女が「来世になっても一緒にすごしましょうね」と約束をすることも指した。「よ」は、④の意味が特に大切。「よのなか」も同じ意味。

📖 関連語

あふ ▶ 82

よのなか

175

をかし 形 シク活用	① 風情がある ② おもしろい
ゆゑ 【故】名	① 理由 ② 風情 ③ 由緒
こころあり 【心有り】連語	① 思いやりがある ② 風情がある ③ 風情を理解する
すきもの 【好き者・数寄者】名	① 風流な人 ② 好色な人

をかし ▶ おもしろい ▶ 風情があっておもしろい

ゆゑ ▶ 理由 ▶ 何か適当な理由がありそうなもの ▶ 風情

心有り ▶ 奥深い気持ちを持つ ▶ 情趣を解する・情趣がある

すきもの ▶ 度を越えて物事を好む人 ▶ 度を越えて風流を好む人

せうそこ（く） 【消息】名	① 手紙 ② 来意を告げること・案内を頼むこと
て 【手】名	文字・筆跡
やる 【遣る】動 ラ行四段活用	① 送る・行かせる ② あちらへ〜する

消息 ▶ 事情 ▶ 事情を伝えるもの

手 ▶ 手を使って行われるもの ▶ 文字・筆跡

遣る ▶ 手元を離れさせる ▶ 送る ▶ あちらへ〜する

例文 雨などふるも**をかし**（枕草子）
訳 雨などが降るのも風情がある

例文 はかなき小柴垣（こしばがき）も、**ゆゑ**あるやうにしなして（源氏物語）
訳 ちょっとした小柴垣も、風情があるようにしつらえて

例文 なほ**こころある**人の御わざはかかるぞかし（狭衣物語）
訳 やはり情趣を解する人のなさることは、このようなものですよ

例文 歌なむよむといひて、**すきものども**あつまりて（大和物語）
訳 歌を詠むと言って、風流な人たちが集まって

解説 風情に関する語。「をかし」は、知的なおもしろみを表す語で「枕草子」によく使われる。「ゆゑ」は、②の意味では、「ゆゑあり」の形が多い。「すきもの」は、度を越して風流にのめり込む人へのほめ言葉として使われる。

関連語
あはれなり ▶ 64
すきずきし ▶ 31
すく　よし
よしあり

例文 はては**せうそこ**だになくて、ひさしくなりぬ。（蜻蛉日記）
訳 最後には、手紙さえもなくて、長い時間が経ってしまった

例文 この歌どもをみて、**て**も見知りたりければ（大和物語）
訳 この歌などを見て、筆跡も見知っていたので

例文 日にふたたび三たび文（ふみ）を**やる**（蜻蛉日記）
訳 一日に二、三回手紙を送る

解説 手紙に関連する語。「消息」は、事情を知らせるもののことを指すのが本来で、使者の口上など、手紙でないものも表す。「手」は、手で行われるものを広く指し、漢字・仮名のことをそれぞれ「男手」「女手」ともいった。「遣る」は、自分のところから相手のもとへ行かせることをいい、補助動詞としても用いられる。

関連語
あない ▶ 285
ふみ ▶ 118
をとこで
をんなで

つきかげ 【月影】名	月の光
いさよひ 【十六夜】名	① 陰暦十六日の夜 ② 十六夜の月 ③ ぐずぐずすること
くまなし 【隈無し】形	① 曇りがない・陰がない ② 何でも知っている
ありあけ 【有り明け】名	夜が明けてもまだ空に残っている月

月影 = つき + かげ　　かげ ▶ 光・姿

十六夜 ▶ 十五夜の満月よりも遅れて出る月 ▶ ぐずぐずしている

隈 = 光のないところ　　隈無し ▶ 光が満ちている

有り明け ▶ 夜が明けてもまだ有る月

もとすゑ 【本末】名	① 先とあと ② 草の根もととすえ ③ 上の句と下の句
こしをれ 【腰折れ】名	① 年をとって腰が曲がること ② 「腰折れの歌」の略(下手な和歌)
ながむ 【眺む・詠む】動 マ行下二段活用	「眺む」= ① 物思いにふける 　　　　② ぼんやりながめる 「詠む」=(歌などを)詠む

本末 ▶ 根もととすえ ▶ 上の句と下の句

腰 = 上の句と下の句の間にあるつなぎめ
▶ これが折れた歌は「下手」

ながむ ▶ 物思いにふけると歌を詠むの区別に注意

例文 **つきかげ**は、いかなる所にてもあはれなり（枕草子）
訳 月の光はどのようなところであってもしみじみ風情を感じさせる

例文 **いさよひの月**をかしきほどに、おはしたり（源氏物語）
訳 十六夜の月が美しいころにいらっしゃった

例文 入方の月の**くまなき**に（狭衣物語）
訳 沈みかけの月で暗いところがなくて

例文 **ありあけ**のいみじう霧りみちておもしろきに（枕草子）
訳 有明の月が出ていて霧のたちこめていて風情のあるときに

解説 月に関連する語。「月影」は月の光のことで、陰のことではない。「十六夜」は、十六日の月のことで、十五日の満月に比べて、のぼるのが遅くてぐずぐずしているという意味。「有り明け」は、朝日が出てもまだ空に残っている月で、風情があるものとされる。

関連語
いさよふ
かげ ▶216
くま 立ち待ち月
寝待ちの月
居待ち月

例文 はづかしき人の、歌の**もとすゑ**問ひたるに（枕草子）
訳 立派な人が、歌の上の句と下の句を尋ねたときに

例文 一文字も違ひなばあやしの**こしをれ**になりぬべし（無名抄）
訳 一文字でも違っていたら、ひどい下手な歌になっていたにちがいない

例文 唐衣きつつなれにしと**ながめ**けん、三河の国八橋（平家物語）
訳 「唐衣きつつなれにし」と詠んだとかいう三河の国の八橋

解説 和歌に関する語。「本末」は、「根もとと末」から、和歌では「上の句と下の句」という意味。上の句と下の句のつなぎめを「腰」といい、そこがつながらずに意味がわからない歌を「腰折れ」と呼ぶ。自分の歌を謙遜して使う語。「ながむ」には、「物思いにふける」とは別の、「和歌を口ずさむ」という意味の語もある。

関連語
かみしも

あそぶ 【遊ぶ】動 バ行四段活用	① 遊ぶ ② 詩歌・管弦などを楽しむ
きようず 【興ず】動 サ行変格活用	おもしろがる
たふ 【堪ふ・耐ふ】動 ハ行下二段活用	① 我慢する ② 任に堪える・能力がある
そうす 【奏す】敬 謙・動・サ行変格活用	① 天皇に申し上げる（「言ふ」の謙譲語） ② 非敬語 ▶ 演奏する

遊ぶ ▶ 気晴らしをするには音楽がいちばんだった

興ず ▶ 「興味」をもっておもしろがる

たふ ▶ 堪えられる ▶ 重い任務を与えても堪えられる ▶ 能力がある

奏す ▶ 帝（みかど）に申し上げる（絶対敬語）または 演奏する（非敬語）

さかし 【賢し】形 シク活用	① 賢明だ・しっかりしている ② 生意気だ ③ 気丈だ
かしこし 【賢し】形 ク活用	利口だ・優れている
ざえ 【才】名	教養・才能

賢し（かしこ） ▶ 頭の働きがはやい ▶ 賢い

賢し（さか） ▶ 恐れおののく ▶ 恐れ多いほど優れている

才 ▶ 才能を構成するもの ▶ 漢学についての教養

例文 夜一夜、とかく**あそぶ**やうにて明けにけり（土佐日記）
訳 一晩中、あれこれと管弦の遊びをするようにして夜が明けた

例文 この鞠を**きようじて**ほめあひたるが（古今著聞集）
訳 この鞠を面白がってみんなでほめたが

例文 そのみちに**たへたる**人びとを乗せさせ給ひしに（大鏡）
訳 その道に優れた人をお乗せになったところ

例文 日ごろ**そうせ**ざる舞を御覧ぜられけり（古今著聞集）
訳 何日も演奏しなかった舞を御覧になった

解説 芸能に関する語。「遊ぶ」は、詩歌管弦の遊びのことを特に指す。「たふ」には、「任務にも堪えられる」という意味の②も重要。「奏す」は、「帝に申し上げる」という意味の①が重要だが、現代語と同じ意味の②に使われることもある。

例文 昔さかしき帝の御まつりごとのおりは（大鏡）
訳 昔、賢明な帝の御執政の際は

例文 世に知らず聡う**かしこく**おはすれば（源氏物語）
訳 （光源氏は）世に例がないほど聡明で優れていらっしゃるので

例文 この御ぞうは、女もみな**ざえ**のおはしたるなり（大鏡）
訳 この一族は、女性もみんな教養をお持ちであった

解説 学問に関する語。「賢し」は、頭の働きが優れていることを表す。「かしこし」は「賢い」の意味ではあまり使われない。「賢し」は、賢明すぎて恐れ多い気持ちから。「才」は、漢学の教養のことを指し、実用的ではないが高級な知識のことを表す。実務的な「やまとだましひ」と両方そなえていて一人前だった。

関連語

ことわり ▶ 112
かど ▶ 218
みち ▶ 228
やまとだましひ

181

現代でも敬語は使われているが、古典の敬語とは使い方が大きくちがう。そこが、「古典の敬語はむずかしい」と思われる最大の原因だろう。

こういうときには、「現代では～だけれど、古典では…だ」というふうに、どこがどうちがっているのか、比較しながら覚えるといい。

たとえば、現代では、尊敬語として使われる言葉はどんなときにも必ず尊敬語だし、謙譲語はいつも謙譲語、丁寧語も同じだ。

ところが、古典には、

① 尊敬語にも謙譲語にも使う言葉。
② 謙譲語にも丁寧語にも使う言葉がある。

①は、「給ふ・奉る・参る」、②は、「侍り・候ふ」である。

逆に言えば、この五つ以外の敬語は、どれも現代の敬語と同じように、一種類にしか使わないということ。だから、敬語の意味が覚えられなくても、どの種類の敬語なのかぐらいはしっかりと覚えるようにしておこう。

また、現代では、ふつう敬語を二つ重ねて使うということをしない。「おっしゃられる」とか「お読みになられる」のような場合、正しくは「おっしゃる」とか「お読みなる」とすべきだ。

ところが、古典では、敬語を二つ重ねて使うことは、むしろ当たり前。

たとえば次のように用いられる。

帝、かぐや姫をとどめて帰り給ることを、あかず口惜しくおぼしけれど、魂をとどめたる心地にてなむ、帰ら**せ**

給ひける。（竹取物語）

帝は、かぐや姫を残してお帰りになるようなことを、不満で残念にお思いになったが、魂を後に残しとどめた心地がして、**お帰り**になった。

このように「尊敬語＋尊敬語」の形で、天皇や皇后、または最高階級に準ずる人々の動作に特別高い敬意を示す言い方を、特に「二重尊敬（最高敬語）」という。

さらに、現代語と古語の敬語で大きく異なっている点とは何だろうか。

現代語は、相手と自分との関係で、敬語を使うか使わないかが決まるが、古語では、敬語を使うかどうかは、身分によっていつも決まっているのである。

たとえば、現代語では、自分の会社の社長について、会社の外の人に向かって「社長は～と申しております」のように尊敬語ではなく謙譲語を使うが、古語では、誰が相手であっても、自分の主人に尊敬語を使わないなんて考えられない。

このように、敬語は敬意よりもむしろ身分の反映だったから、一番高い身分の人、つまり天皇には、その人専用の敬語というものがある。「奏す」「啓す」と言えば、天皇や皇后・中宮などに対しての謙譲語であるということが必ず伝わる。

これが「絶対敬語」と呼ばれるものなのである。

Index

● 索引は見出し語となっている単語に合わせ、旧仮名遣いの50音順に並べています。
● 索引としてだけでなく、暗記のチェックができます。
● 単語の右にあるのは掲載ページです。その右に品詞など（略記）を示しています。
● 意味は赤字になっているので、消えるフィルターを使って何度でも確認できます。

	古文単語	ページ	品詞	意　味
い	□ いうなり【優なり】	38	形動	①優れている　②優美だ・上品だ
	□ いかで【如何で】	64	副	①どうして(疑問・反語)　②なんとかして(願望)
	□ いぎたなし【寝汚し】	136	形	①寝坊だ　②ぐっすりと寝ている・眠り込んでいる
	□ いさ	130	副 感	さあ、どうでしょうね・(下に「知らず」などを伴い)どうだか(知らない)
	□ いさよひ【十六夜】	178	名	①陰暦十六日の夜　②十六夜の月　③ぐずぐずすること
	□ いそぎ【急ぎ】	114	名	①準備　②急用
	□ いたづらなり【徒らなり】	38	形動	①無駄だ　②はかない　③手持ちぶさただ
	□ いちのひと【一の人】	172	名	摂政・関白
	□ いつしか【何時しか】	66	副	①早く　②いつの間にか　③(疑問)いつ〜か
	□ いと・いとど	66	副	「いと」=とても　「いとど」=いよいよ・ますます・いっそう
	□ いとけなし・いはけなし【幼けなし・稚けなし】	84・168	形	①幼い・子供っぽい　②あどけない
	□ いとほし	8	形	①気の毒だ　②かわいい・いじらしい　③つらい
	□ いぬ【寝ぬ】	144	動	寝る・眠る
	□ いぶせし	86	形	①気が晴れない　②うっとうしい・不快だ
	□ いまいまし【忌ま忌まし】	136	形	不吉だ・縁起が悪い
	□ いまめかし【今めかし】	86	形	①今風だ・華やかだ　②浮ついている
	□ いみじ	8	形	①すばらしい・立派だ　②ひどい・悲しい　③(程度)たいそう
	□ いもせ【妹兄・妹背】	152	名	①夫婦　②きょうだい
	□ いらふ【答ふ・応ふ】	144	動	答える・返事する
う	□ うけたまはる【承る】	48	動	①お聞きする・うかがう　②お受けする　③承知する
	□ うし【憂し】	10	形	①つらい　②嫌だ
	□ うしろみる【後ろ見る】	102	動	世話をする・後見をする
	□ うしろめたし【後ろめたし】	10	形	気がかりだ・心配だ
	□ うしろやすし【後ろ安し】	86	形	安心だ・頼もしい・心強い
	□ うたて	66	副	①嫌だ・不快だ　②ひどく
	□ うち・だいり【内・裏・中・内裏】	114	名	①宮中　②天皇
	□ うちつけなり【打ち付けなり】	38	形動	①突然だ　②軽率だ　③露骨だ
	□ うつくし【美し・愛し】	10	形	①かわいい　②立派だ・見事だ　③きれいだ
	□ うつつ【現】	114	名	①現実　②正気
	□ うつろ(ら)ふ【移ろ(ら)ふ】	48・170	動	①美しさが衰える・色あせる　②花が散る　③(人の心が)変わっていく
	□ うとまし【疎まし】	10	形	①いとわしい　②気味が悪い
	□ うへ【上】	170	名	①天皇　②主人　③正妻・北の方
	□ うべ・むべ【諾・宜】	124	副	なるほど
	□ うらなし【うら無し】	136	形	①隠し立てがない　②ざっくばらんだ
	□ うるはし【麗し・美し】	12	形	①端正で美しい　②きちんとしている
え	□ え〜(ず)	66・162	副	〜できない(打消)
	□ えんなり【艶なり】	38	形動	①優美だ・しっとり美しい　②魅力的だ
お	□ おいらかなり	142	形動	①穏やかだ・おおらかだ　②すなおだ
	□ おきつ【掟つ】	48	動	①命令する　②計画する
	□ おくる【遅る・後る】	104	動	①先立たれる　②劣る

	古文単語	ページ	品詞	意 味
か	□ かりそめなり【仮初なり】	98	形動	①一時的だ・間に合わせだ ②「かりそめに」＝ついちょっと
	□ がり（〜のがり）【許】	132	接尾	〜のもとに
	□ かる【離る】	52・172	動	離れる
き	□ きこしめす【聞こし召す】	74	敬	①お聞きになる（「聞く」の尊敬語）②召し上がる（「食ふ」「飲む」の尊敬語）
	□ きこゆ【聞こゆ】	74	敬	①申し上げる（「言ふ」の謙譲語）②〜申し上げる（補助動詞）
	□ きは【際】	116・172	名	①端・境目・終わり ②身分・家柄
	□ きようず【興ず】	180	動	おもしろがる
	□ きよげなり【清げなり】	98	形動	①清楚で美しい ②清潔だ
く	□ ぐす【具す】	52	動	①備わる ②伴っていく・連れていく
	□ くちをし【口惜し】	16	形	①残念だ ②物足りない
	□ くつす（くっす）・くんず【屈す（ず）】	146	動	気がふさぐ・気が滅入る
	□ くどく【口説く】	146	動	くどくど言う・愚痴を言う
	□ くまなし【隈無し】	88・178	形	①曇りがない・陰がない ②何でも知っている
	□ くもゐ【雲居・雲井】	170	名	①空・雲 ②皇居 ③都
け	□ けさうず【懸想ず】	104	動	思いを寄せる・恋する
	□ けし【異し・怪し】	88	形	①異様だ・変だ・怪しい ②普通ではない
	□ けしき【気色】	60	名	①様子 ②態度 ③機嫌
	□ げに【実に】	68	副	なるほど・本当に
こ	□ こうず【困ず】	148	動	①疲れる ②悩む
	□ ここら【幾許】	124	副	①たくさん ②たいそう
	□ こころ【心】	60	名	①心情・分別 ②風流心・情趣 ③本質・意味
	□ こころあり【心有り】	176	連語	①思いやりがある ②風情がある ③風情を理解する
	□ こころう【心得】	148	動	理解する
	□ こころうし【心憂し】	90	形	①情けない ②いやだ
	□ こころおく【心置く】	148	動	①気にかける ②遠慮する ③よそよそしくする
	□ こころおとり【心劣り】	116	名	①幻滅・期待外れ ②気後れすること
	□ こころづきなし【心付き無し】	16	形	①気にくわない・不愉快だ ②おもしろくない
	□ こころづくし【心尽くし】	152	名	物思いをすること
	□ こころなし【心無し】	138	形	①思慮がない・分別がない ②思いやりがない ③趣を理解しない
	□ こころにくし【心憎し】	16	形	奥ゆかしい・心ひかれる
	□ こころばへ【心延へ】	152	名	①気遣い・気立て・性格 ②趣向 ③風情
	□ こころもとなし【心許なし】	16	形	①待ち遠しい ②気がかりだ ③はっきりしない
	□ こしをれ【腰折れ】	154・178	名	①年をとって腰が曲がること ②「腰折れ歌」の略（下手な和歌）
	□ こちなし【骨無し】	138	形	①失礼だ ②無骨だ
	□ ことごとし【事事し】	18	形	おおげさだ・ものものしい
	□ ことなり【異なり・殊なり】	100	形動	①ほかと違っている ②格別である
	□ ことわり【理】	60	名	①筋道 ②訳 ③もっともなこと・道理 ④判断
	□ このかみ【兄】	118	名	①年上・年長者 ②兄・姉
	□ こまやかなり【細やかなり・濃やかなり】	100	形動	①細かい・詳しい ②優美だ・上品だ ③濃い